RUEDI REICH

Ermutigung zum Glauben

T V Z

RUEDI REICH

Ermutigung zum Glauben
Gedanken und Erinnerungen

Herausgegeben vom Kirchenrat der
Evangelisch-reformierten Landeskirche des
Kantons Zürich

Redaktion: Philippe Dätwyler und Christine Voss

Theologischer Verlag Zürich

Bibliografische Informationen der Deutschen Nationalbibliothek
Die Deutsche Nationalbibliothek verzeichnet diese Publikation in der
Deutschen Nationalbibliografie; detaillierte bibliografische Daten
sind im Internet über http://dnb.d-nb.de abrufbar.

Bildnachweis
Alle Abbildungen: Farbglasfenster von Sigmar Polke im Grossmünster Zürich
© 2009 Sigmar Polke / Grossmünster Zürich
© Fotografie: Lorenz Ehrismann

Umschlaggestaltung
Mario Moths unter Verwendung von «Der Prophet Elija» von Sigmar Polke,
Farbglasfenster im Grossmünster Zürich © 2009 Sigmar Polke /
Grossmünster Zürich © Fotografie: Lorenz Ehrismann

Satz und Layout
Mario Moths, Marl

Druck
Rosch-Buch GmbH, Scheßlitz

ISBN 978-3-290-17632-7
© 2011 Theologischer Verlag Zürich
www.tvz-verlag.ch

Zum Geleit

> *Jetzt ist mein Erkennen Stückwerk, dann aber werde ich ganz erkennen, wie ich auch ganz erkannt worden bin.* 1. Korinther 13,12b

Ruedi Reich erzählt in diesem Buch aus seinem Leben. Er versucht dabei sichtbar werden zu lassen, wie seine Geschichte auch eine Geschichte seines Glaubens ist. Das würde er zwar, reformiert zurückhaltend, nicht so ausdrücken. Doch das Evangelium schimmert durch jede Zeile.

Ruedi Reichs Gedanken und Erinnerungen helfen uns, manche Überlegungen und Entscheidungen aus den 40 Jahren seines Dienstes in der reformierten Zürcher Kirche zu verstehen. Seine Erzählungen sind keine Selbstrechtfertigungsversuche. Wer zuhörend liest, kann sich sein eigenes Urteil bilden. Kann und darf? Wer darf sich ein Urteil anmassen? Sind wir doch alle gerechtfertigte Sünder. Und so erzählt Ruedi Reich aus der Perspektive eines verletzlichen, oft zweifelnden, dann aber auch wieder ganz klaren und entschiedenen Kirchenmannes.

Dankbarkeit zieht sich durch alles hindurch, trotz der grossen gesundheitlichen Krise, die zum vorzeitigen Ende seiner Amtszeit als Kirchenratspräsident geführt hat. Dankbarkeit, weil er weiss, dass unser menschliches Stückwerk gehalten und vollendet ist in Gottes Liebe, die uns in Jesus Christus nahegekommen ist. Diese dankbare Gewissheit macht frei zum Denken und Handeln, Reden und Entscheiden, Fehler zu machen und Grosses und «Tapferes» zu tun.

Uns, seinen Nachfolgenden im Kirchendienst, macht diese Haltung Mut, im gleichen Geist weiter zu wirken – in Neuanfang und Kontinuität. Denn es ist ja nicht unsere Kirche, sondern Christi «kilch».

Michel Müller, Kirchenratspräsident

INHALT

Wie dieses Buch entstanden ist

Am Anfang stand die Idee einer Festschrift: Ruedi
Reich sollte auf das Ende seiner Amtszeit im Herbst
2011 eine Festschrift erhalten. Auch wenn der Gedan-
ke ihn freute, so war er doch nicht nur begeistert, als
er von diesem Projekt vernahm. Eine Festschrift? Sind
Festschriften nicht nur akademische Pflichtübungen,
die den Kreis derjenigen spiegeln, die voneinander
schon lange wissen, was sie alles wissen und weshalb
sie so denken, wie sie denken?

Zu diesen Vorbehalten kam dann eine gravieren-
de Wendung: Mitte Juli 2010 erkrankte Ruedi Reich
schwer. In der letzten Kirchenratssitzung vor den Som-
merferien musste er seinen Kolleginnen und Kollegen
mitteilen, dass sein Tumor, der schon 2004 eine Operation nötig gemacht hatte, wieder aktiv geworden
war und ein erneuter Eingriff unumgänglich sei. Vor
diesem Hintergrund entstand die Idee, anstelle der
Festschrift ein anderes Buch herauszugeben – einen
kleinen Band mit autobiografischen Erinnerungen
und persönlichen Gedanken. Und so suchten wir denn
nach Zeitfenstern, in denen es Ruedi Reich möglich

war, Rückblick zu halten und ihm wichtige Anliegen zur Sprache zu bringen.

Vor Jahren habe ich ein Buch von Ruedi Reich herausgegeben, das ausgewählte Predigten und vertiefende Interviews zu den Predigten enthält.* Das neue Buch sollte einen anderen Charakter haben. Ich machte keine Interviews mehr, sondern beschränkte mich auf wenige Verständnisfragen. Ruedi Reich sollte möglichst viel Freiraum haben. Ich ging davon aus, dass diese Tage grösster Anspannung für ihn auch Tage der Klärung waren – denn in solch existenziellen Situationen verschieben sich Proportionen und Relationen und das wirklich Wichtige tritt in den Vordergrund.

Während zwei Wochen führten wir fast täglich ein längeres Gespräch. Unsere Treffen waren für mich berührend und beklemmend zugleich. Denn ich sah, wie Ruedi Reich in diesen Tagen mit sich selber kämpfte. Mit seinem Schicksal. Mit seinen Schmerzen. Mit seinen Erinnerungen. Mit seinen Aussichten. Mit seinem Glauben auch. – Ich war tief beeindruckt, wie ruhig er blieb und wie sehr er die Gewissheit ausstrahlte, dass Gott auch auf krummen Zeilen gerade schreibt.

Die Gespräche fanden bei ihm im Büro an der Kirchgasse 50 in Zürich statt. Doch seine Schmerzen wurden täglich grösser. Darum fuhr ich für das letzte Gespräch zu ihm nach Hause nach Oberwinterthur. Ich erinnere mich noch gut. Es war ein sonniger, festlicher Sonntagmorgen, der 1. August 2010. Da wollte er noch ein paar ihm wichtige Nachträge hinzufügen. Sie bilden in diesem Band das Schlusskapitel mit der

Überschrift «Persönlicher Glaube». Am Tag darauf musste Ruedi Reich ins Spital eintreten.

Unsere Aufzeichnungen umfassen rund zwölf Stunden Gespräch und bildeten die Grundlage für das vorliegende Buch. Christine Voss und ich haben das aufgezeichnete Material in den letzten Monaten in Rücksprache mit Ruedi Reich gesichtet, bearbeitet und verdichtet. Das Resultat liegt nun vor.

In diesem Band begegnen wir Ruedi Reich, wie wir ihn als Kirchenmann und auch als Menschen und Freund kennen und schätzen gelernt haben. In diesem Band erscheinen aber auch Facetten von ihm, die man bisher kaum wahrgenommen hat.

Darüber hinaus ist das vorliegende Buch für alle, die an der Zürcher Landeskirche interessiert sind, ein Spiegel wichtiger Jahre der Kirchenpolitik, in denen mit einem neuen Kirchengesetz und einer neuen Kirchenordnung Weichen für die Zukunft gestellt wurden.

Und schliesslich glauben wir, dass die zeugnishaften Worte von Ruedi Reich für alle, die sie lesen, eine Ermutigung sind, sich immer wieder neu auf das Geheimnis der «Menschenfreundlichkeit Gottes» (Tit. 3, 4) einzulassen.

Philippe Dätwyler

*Ruedi Reich, Glauben, Zweifeln, Handeln. Predigten und Interviews, TVZ, Zürich 2004

Der Prophet Elija, Sigmar Polke, Grossmünster Zürich

Von Uster bis Marthalen

Ich bin am 9. Januar 1945 in Uster zur Welt gekommen, als fünftes Kind meiner Eltern Emil und Elsa Reich-Trüb, als «Nawiseli», als Nachzügler. Mein ältester Bruder hatte den Jahrgang 1929, war also ganze 16 Jahre älter als ich.

Wegen meiner zu frühen Geburt war ich im ersten Lebensjahr oft krank. Meine Mutter erzählte mir später, eigentlich hätte ich wider Erwarten überlebt. Durch ihre Schilderungen weckte sie in mir ein Gefühl, das mich bis heute begleitet: Leben ist immer ein Geschenk.

Regensdorf: prägende Eindrücke

Als ich drei Jahre alt war, zogen wir von Uster nach Regensdorf. Mein Vater hatte dort die Leitung der Kantonalen Strafanstalt übernommen: damals ein riesiger, kreuzförmiger Gebäudekomplex, umgeben von hohen Mauern. Auch ausserhalb der Mauern spiegelte sich ein Stück Hierarchie des Anstaltslebens: Da gab es das Haus des Direktors – «die Villa» genannt; daneben das Doppelhaus für den Anstaltspfarrer und den Verwalter; und schliesslich die Vierfamilienhäuser, in denen Angestellte wohnten. Die Strafanstalt wurde 1901 errichtet und sowohl die Anstalt als auch die Häuser des Personals waren architektonisch typische Bauten der Jahrhundertwende, aus Hunderttausenden von Backsteinen erbaut.

Da bin ich aufgewachsen: Im Haus des Anstaltsdirektors und im dazugehörigen wunderbaren, grossen Garten, in welchem manchmal auch Strafgefangene arbeiteten. Wenn wir Besuch hatten und Kinder sich ängstlich nach den «bösen Mannen» hinter der Mauer erkundigten, so wehrte ich mich: «Das sind liebi Manne»; ich könne ihnen ja im Garten bei der Arbeit zusehen. Später wurde mir bewusst, welches Zeichen des Vertrauens meine Eltern dadurch setzten, dass sie ihre Kinder in dieser Weise mit Strafgefangenen zusammensein liessen.

Ich erinnere mich an das Beten mit meiner Mutter und an die Sonntagsschule. Vor allem habe ich die Sonntagsschulweihnacht in der Dorfkirche noch vor Augen. In einem riesigen Raum stand da eine riesige Tanne, so kam es mir vor, voller Lichter. Und hier trug ich mit Zittern und Zagen mein «Versli» vor. Vielleicht ist so beides für mich religiöses Erleben geworden: die Kirche als Heimat und zugleich als Möglichkeit und Herausforderung, selber aktiv etwas beizutragen.

Zum zehnten Geburtstag: die Bibel

Ich habe mich nur kurze Zeit mit einer bebilderten Kinderbibel herumgeschlagen. Zu meinem zehnten Geburtstag ging meine Mutter mit mir nach Zürich.

Da hat sie mir schlicht und einfach die Zürcher Bibel gekauft und geschenkt. Sie war der Meinung, dass ich die Bibel nun selber lesen könne. Und das habe ich dann auch sehr ausführlich getan, vor allem die vielen Geschichten im Alten Testament. Die Konkretheit und Lebensnähe dieser Geschichten sprachen mich an. Mich fasziniert bis heute das Erzählerische an der biblischen Tradition. Dies gilt natürlich auch für das Neue Testament und auch für die zweitausendjährige Kirchengeschichte.

Vorn in der Bibel steht die Widmung meiner Mutter, ein Wort aus der Apostelgeschichte 16,31. Sie schrieb es wohl aus dem Gedächtnis in der Fassung Luthers: «Glaube an den Herrn Jesum Christum, so wirst du und dein Haus selig.» Ich weiss nicht, was sich meine Mutter gedacht hat bei diesem Satz. Ein eigenes Haus, eine Familie, hatte ich als Zehnjähriger ja nicht. Unterdessen weiss ich allerdings, was «ein Haus» ist. Ich denke an meine Frau Susanne, mit der ich seit bald 41 Jahren unterwegs sein darf. Und ich denke an meine vier erwachsenen Kinder, an die vier Schwiegerkinder und die drei Enkelkinder. Und es ist tröstlich, dass der Segen meiner Mutter mich und die Meinen begleitet.

Jeden Sonntagmorgen gingen meine Eltern in die Strafanstaltskirche zum reformierten Gottesdienst. Der katholische Gottesdienst fand vorgängig statt, ebenfalls in der Anstaltskirche, gehalten von Generalvikar Alfred Theobaldi. Meinem Vater machte es immer wieder Eindruck, dass sich der Generalvikar persönlich um die Strafgefangenen kümmerte.

Frühe Ökumene-Erfahrung

Ich habe jeden Sonntag um ein Uhr meinen Vater im Direktionsbüro der Anstalt zum Mittagessen abholen dürfen. Die Anstalt hat mir nie Angst gemacht, denn ich spürte, dass mein Vater gern dort arbeitete. Er hat sich für Reformen im Strafvollzug eingesetzt und oft Führungen durch die Anstalt gemacht und Referate über die Hintergründe von Straftaten und die Methoden und Ziele eines humanen Strafvollzugs gehalten. Einmal waren einer meiner Brüder und ich bei einem Referat dabei. Wie wenn es gestern gewesen wäre, höre ich meinen Vater sagen: «Ja, wissen Sie, wenn meine beiden Kinder, die da hinten im Saal sitzen, eine Jugend hätten wie die grosse Mehrheit meiner Häftlinge, dann wären sie mit zwanzig Jahren auch hier in der Anstalt.» Dadurch wurde mir etwas deutlich, was mich auch später beschäftigte: Menschen, die ihren Weg nur mit Mühe finden oder ihn verfehlen, sind nicht einfach «selber schuld».

Die intensive Öffentlichkeitsarbeit meines Vaters als Gefängnisdirektor hat dazu geführt, dass ihn die kleine Partei der «Demokraten» für die Wahl in den Zürcher Regierungsrat nominierte. So wurde er im März 1954 in die Zürcher Regierung gewählt und übernahm da die Direktion der Justiz und des Innern.

Mein Vater hatte eine grosse religiöse und humanistische Offenheit. Er war Protestant, aber dies nicht durch Abgrenzung und Ausgrenzung, wie das damals im zürcherischen Kontext durchaus noch vorkam. Einmal pro Jahr besuchte unsere Familie zusammen mit einem Strafgefangenen Abt Benno in Einsiedeln.

Da haben wir mit ihm, dem späteren Kardinal Benno Gut, Mittag gegessen und später, nach eingehender Unterhaltung, gab es für die Herren einen Schieber mit dem Abt. Das war damals, Ende 50er Jahre, alles andere als selbstverständlich. Damals fragten sich immer noch viele Reformierte, ob man den Katholiken überhaupt trauen könne. Aber daran hat mein Vater offensichtlich nicht gezweifelt. Den damaligen Generalvikar Alfred Theobaldi, den er schon von der Anstalt her kannte, schätzte mein Vater sehr. Als Direktor der Justiz und des Innern hat er dann eng mit ihm zusammengearbeitet und das neue Kirchengesetz vorbereitet, das 1963 zur öffentlich-rechtlichen Anerkennung der katholischen Kirche im Kanton Zürich führte.

Während der ersten beiden Schuljahre bin ich in Regensdorf zur Schule gegangen. Ich sehe noch vor mir, wie meine Lehrerin mir mit dem Lineal auf die Finger schlug und ich genau wusste, dass sie mir damit Unrecht tat. Von der dritten Klasse an ging ich dann in Zürich ins Schulhaus Milchbuck. Zuerst war ich bei Herrn Rellstab, der ein alter, eindrücklicher, feiner Lehrer war. Und dann hatten wir Herrn Keller. Er war herzkrank und seine blau unterlaufenen Lippen haben sich uns eingeprägt. Die anschliessenden Sekundarschuljahre auf dem Milchbuck waren für mich eine ausserordentlich anregende Zeit. Allerdings fielen sie mit der schweren Krankheit meines Vaters zusammen.

Belastete Jugendjahre

Im Frühling 1959 waren Regierungsratswahlen. Mein
Vater hatte sich zur Wiederwahl gestellt. Da wirbel-
te plötzlich alles durcheinander. In der Stadt Zürich
sah ich die grossformatigen Wahlplakate mit dem Bild
meines Vaters. Zur selben Zeit erkrankte er schwer.
Ich besuchte ihn häufig im Waid-Spital; ich war damals
14 Jahre alt. An einem Morgen im April kam die trauri-
ge Nachricht, dass mein Vater gestorben sei. Sein Tod
hat mich sehr erschüttert und jahrelang tief verunsichert. In den Wochen und Monaten vor seinem Tod
war mein Vater zudem durch ein Mitglied seiner eigenen Partei öffentlich heftig angegriffen worden. Das
beschäftigte meine Familie sehr; wir merkten, dass
Politik auch etwas sehr Abgründiges haben kann. Diese Jahre waren sehr hart für uns. Auch meine Mutter
erkrankte schwer, und ich rechnete oft damit, dass ich
als Vollwaise heranwachsen würde. Aber sie überstand
ihre beiden Krebsoperationen und ich durfte sie nochmals als aktiven und geistig regen Menschen erleben.
Trotz dieser schwierigen Erfahrung fühlte ich mich als
Jugendlicher privilegiert. Und ich habe früh gelernt,
Verantwortung zu übernehmen.

Wegweisende Persönlichkeiten

Die Sekundarschule war für mich eine gute und ermu-
tigende Zeit. Danach besuchte ich das Lehrerseminar
Küsnacht. Seit der Primarschule hatte ich den Wunsch,
Lehrer zu werden. Aber das bin ich dann doch nicht
geworden. Ich entwickelte mich in eine andere Richtung. Durch die Junge Kirche hatte ich eine intensive

Beziehung zu Kirche und Gottesdienst. Zudem kamen mir kleinere Schriften und allgemein verständliche Vorträge von Karl Barth in die Hände. Noch weiss ich, wie sehr mich seine Schriften «Die Menschlichkeit Gottes» und «Rechtfertigung und Recht» beeindruckten.

Meine pietistisch geprägte Mutter hat mich in dieser religiösen Suche bestärkt. Sie nahm rege Anteil. Von ihr habe ich denn auch die Liebe zu Biografien, insbesondere den Lebensläufen der Heiligen und anderer vom Glauben geprägter Persönlichkeiten, mitbekommen. Von ihnen hat meine Mutter mir viel erzählt – und sie liess sich umgekehrt auch von mir solche Texte vorlesen: etwa über das Leben von Franz von Assisi, Jochen Klepper und Paul Gerhardt. Als Protestant hatte ich nie Schwierigkeiten mit den Heiligen. Mit grossem Gewinn habe ich die vielen Biografien von Heiligen und Ketzern von Walter Nigg gelesen. Dabei lernte ich, wie oft Heilige zu ihrer Zeit als Ketzer angesehen und später dann doch heiliggesprochen wurden – und wie nah Weisheit und Wahn manchmal beieinander liegen. All das hat dazu beigetragen, dass ich mich entschloss, Theologie zu studieren.

Nach Abschluss des Lehrerseminars absolvierte ich im Wallis die Rekrutenschule. Das war drei Jahre nach der Kubakrise. Wenn ich sehe, wie stark das 20. Jahrhundert durch Konflikte, Kriege und Verfolgungen geprägt war, so denke ich im Rückblick, dass ich zu einer privilegierten Generation gehörte, die nie von Krieg oder Aktivdienst belastet war.

Nachdem ich an der Philosophischen Fakultät noch die Matur in Latein und Griechisch erworben hatte, konnte ich mich endlich an der Theologischen Fakultät immatrikulieren. Etwas vom Schönsten waren da für mich die Vorlesungen in Kirchengeschichte von Fritz Blanke. Ihm verdanke ich viel. Blanke konnte die Kirchengeschichte überaus anschaulich erzählen. Er hat uns Kirchenväter, Reformatoren, Täufer und Pietisten in gleicher Weise nahegebracht.

Beeindruckend war auch Blankes doppelte Liebe zur Zürcher Reformation. Er liebte Huldrych Zwingli, der in kurzer Zeit vieles erreicht hatte, dabei aber auch manche Kompromisse eingehen musste. Aber Blanke liebte auch die Reformation der Täufer und hat uns eindrücklich aufgezeigt, dass die Täuferbewegung nicht zufällig im Umkreis von Zwingli entstand. Die Täufer haben viele Elemente und Anliegen von Zwinglis Theologie aufgenommen. Aber weil ihnen Zwingli politisch und religiös zu wenig radikal war, kam es zum tragischen Konflikt unter Freunden, mit allen Irrungen und Wirrungen. Die Täuferbewegung kam wohl 200 Jahre zu früh und war darum nicht umsetzbar. Eindrücklich zeigt Fritz Blanke in seinem Buch «Brüder in Christo» Unterschiede und Gegensätze, aber auch, was Zwingli und die Täufer verband.

Ich habe das Theologiestudium als etwas Faszinierendes empfunden, vor allem den Umgang mit biblischen Texten. Dabei habe ich mich insbesondere auch mit der paulinischen Theologie auseinandergesetzt. Paulus zeigt uns auf, wie wir alle immer wieder nur uns selber durchsetzen wollen, auch im religiösen Bereich. Das befreiende Christusereignis liegt aber gerade darin, dass ich mich nicht mehr religiös durchsetzen muss, sondern den Ruf hören darf: «Wir bitten an Christi Statt, lasst euch versöhnen mit Gott!» (2. Korinther 5,20). Diese Versöhnung mit Gott, die ja auch eine Versöhnung mit den Menschen ist, ist mir sehr wichtig geworden. Ich finde es darum sehr schön, wie unsere Kirchenordnung von Jesus Christus als dem «Haupt der Gemeinde» und dem «Versöhner der Welt» (Artikel 1, KO) spricht. Das ist ein Prozess. Wir können uns nicht selber versöhnen, aber wir sind einbezogen in Gottes Werk der Versöhnung.

Auch Karl Barth wurde mir damals wichtig, obwohl ich ihn persönlich nicht mehr kennengelernt habe. Ich kaufte seine grossen Werke. Diese stehen aber bis heute einigermassen unberührt in meiner Bibliothek. Mich interessierten einzelne seiner Vorträge und Aufsätze, etwa in der Reihe «Theologische Existenz heute». Mich faszinierte bei Barth die Betonung der Menschlichkeit Gottes und weniger die grosse, mitunter auch ideologische Systematik. Ein «Barthianer» bin ich darum nie geworden.

Reformatorische Theologie: auf die Welt bezogen

Während meines Studiums beschäftigte ich mich vor allem auch mit der reformatorischen Theologie. Ich habe viel von Zwingli gelesen und bei Arthur Rich habe ich eine längere Arbeit über Zwinglis Unterscheidung «Von göttlicher und menschlicher Gerechtigkeit» geschrieben. Im Gegensatz zu Luther, der mit seiner Zwei-Reiche-Lehre den göttlichen und den menschlichen Bereich einander gegenüberstellt, bezieht Zwingli die göttliche und die menschliche Gerechtigkeit in differenzierter Weise aufeinander. Das sieht man etwa an Zwinglis Haltung zum Eigentum. Einerseits lehnt er das Gemeinschaftseigentum ab. Es soll nicht alles allen gehören. Zwingli sagt: «Wir brauchen die zämmen gschüttet Gmeinschaft nicht.» Andererseits befürwortet er das Privateigentum nur unter Vorbehalt, denn für Zwingli gibt es nur einen Eigentümer: Gott. Deshalb sagt er: «Du sollst din zytlich guot nit für din haben; du bist nur ein schaffner darüber.» Das Eigentum ist uns also nur geliehen. Darum ist es umso wichtiger, dass wir mit dieser Leihgabe verantwortungsvoll umgehen.

Nach dem Studium bin ich organisch ins Pfarramt hineingewachsen. Mein achtmonatiges Vikariat absolvierte ich bei Pfarrer Hans Schmutz in Zürich-Wipkingen. Er galt als strenger und konservativer Vikariatsleiter. Er brachte mir aber Vertrauen entgegen und gab mir viel Freiraum. Das war für mich eindrücklich. Und ich hoffe, dass mir dies später in meiner Amtszeit als Kirchenratspräsident auch gelungen ist: eine eigene Haltung zu haben und zugleich offen zu sein für andere Ideen und Konzepte.

Als Konkordatspräsident dachte ich oft: Es ist gut, dass die Vikariate heute differenzierter und professioneller strukturiert sind als damals. Das Wichtigste aber ist, dass die Vikarinnen und Vikare einem glaubwürdigen, engagierten Pfarrer begegnen, der sie im Zuspruch und im Widerspruch gut begleitet. Die theologische Praxis ist ja immer auch eine persönliche, existenzielle Angelegenheit.

Dorfpfarrer im Weinland und vieles mehr

Im Juni 1972 trat ich mein Amt als Pfarrer in Marthalen an. Diese Arbeit hat mich geprägt und beglückt.
Ich gab Unterricht an der Oberstufe und nahm mir
Zeit für ausführliche theologische Studien zur Vor-
bereitung der Predigten. Nach einiger Zeit wurde
ich Mitglied der Schulpflege. Die Leute fanden, das
sei eigentlich ganz gut, wenn der Pfarrer dort mit-
mache. Da ich allerdings in keiner Partei war, wurde
ich stets mit dem schlechtesten Resultat gewählt. In
der Schulpflege bekam ich das Ressort Kindergarten. Mit einem Lächeln denke ich daran zurück, dass
ich jeweils von der damaligen Erziehungsdirektion
Post bekam mit der Adresse «An die Präsidentin
des Kindergartens Marthalen» ... Es gab damals nur
zwei Männer im Kanton Zürich, die in der Schulpflege das Ressort Kindergarten betreuten. Einer davon
war ich.

Die Erfahrungen in der Seelsorge haben mir immer wieder gezeigt, wie schwer das Leben für viele
Menschen ist. Das Leid vieler Menschen hat mich
sensibel gemacht. Vielleicht auch zu sensibel – so,
dass die Seelsorge oft viel Kraft gekostet hat. Aber
durchaus sinnvolle Kraft.

Im Gespräch mit Pfarrerinnen und Pfarrern und
bei der Arbeit an der neuen Kirchenordnung setzte
ich mich später als Kirchenratspräsident für ein leis-
tungsfähiges und strukturiertes Pfarramt ein. Aber
Pfarrerinnen und Pfarrer brauchen auch Zeit und
Freiräume, um der eigenen Seele Sorge zu tragen,
denn Seelsorge ist immer auch Mittragen an den

Lasten anderer. Ich bin überzeugt: Die Pflege des geistlichen Lebens und die spirituelle Verankerung sind die Grundlagen der Seelsorge.

Viel gelernt habe ich dadurch, dass ich über das Gemeindepfarramt hinaus immer wieder für gesamtkirchliche Aufgaben angefragt wurde. Hans-Heinrich Brunner gab mir die Möglichkeit, in der Redaktion des damaligen «Kirchenbote für den Kanton Zürich» mitzuwirken. Viel Freude und gute Begegnungen ergaben sich zudem durch meine Mitarbeit in der Ausbildung von Sonntagsschullehrerinnen im Auftrag des Zürcherischen Sonntagsschulverbands. Während vieler Jahre war ich auch als Feldprediger in der Armeeseelsorge tätig. Das alles gab mir Erfahrungen in verschiedensten kirchlichen Arbeitsfeldern und mit unterschiedlichsten Gruppierungen.

1973 wurde ich in die Kirchensynode gewählt und 1983 wählte mich unser Kirchenparlament in den Kirchenrat. Nochmals zehn Jahre später übertrug mir die Kirchensynode das Kirchenratspräsidium, das ein Vollamt ist und somit den Abschied vom Gemeindepfarramt bedeutete.

Achatfenster, Sigmar Polke, Grossmünster Zürich

Kirche im Umbruch

1991 lancierten rechtsbürgerliche Kreise die «Volksinitiative zur Trennung von Kirche und Staat». Diese
Initiative forderte, dass die Kirchensteuern nicht mehr
wie bisher vom Staat, sondern neu von den Kirchen
selbst eingezogen werden müssten. Zudem sollten
die Kirchensteuern der juristischen Personen, also
der Firmen, abgeschafft werden. Die neue Form der
Besteuerung hätte die Kirchen finanziell massiv ge-
schwächt.

Wenn ich heute an die Trennungsinitiative zurück-
denke, wird mir wieder bewusst, wie sehr mich diese damals umgetrieben hat. Im März 1993 wurde ich
mit 91 von 180 Stimmen von der Kirchensynode als
Kirchenratspräsident gewählt. Mir war klar, dass das
Abwehren dieser Privatisierungs-Initiative meine erste grosse Aufgabe werden sollte und ich dabei eine
Hauptverantwortung in der Öffentlichkeit zu übernehmen hatte. Zugleich war mir bewusst, dass mich eigentlich nur die Hälfte der Synode gewählt hatte.

Es begann mit der Trennungsinitiative

Heute denke ich, dass mir nichts Besseres hätte passieren können als dieser unvermittelte Schritt in die Öffentlichkeit. Ich musste Farbe bekennen, musste auf die Menschen zugehen – und musste vor allem auch zuhören können. Ich war damals Abend für Abend irgendwo in einer Kirchgemeinde im Zürcher Oberland oder im Weinland zu Diskussionen eingeladen. Dabei begegnete ich oft Menschen, die ganz einfach von ihren persönlichen Erfahrungen mit der Kirche erzählen wollten. Zum Beispiel davon, dass sie dreissig oder vierzig Jahre zuvor vom Pfarrer im Religionsunterricht ungerecht behandelt worden waren, vielleicht sogar eine Ohrfeige erhalten hatten ... – und dass sie das noch immer beschäftigte. Für mich war es wichtig, solche Geschichten nicht abzuwehren, sondern sie anzunehmen und darüber nachzudenken.

Aber es gab auch andere Geschichten, manchmal im gleichen Saal: als zum Beispiel eine Frau aufstand und erzählte, wie ihre Ehe gescheitert war. Und dann sagte sie: «Wenn die Pfarrerin mich nicht begleitet hätte, wäre ich heute nicht hier. Ich stimme bei dieser Volksinitiative nicht mit dem Kopf ab und auch nicht über Strukturen, sondern ich möchte ganz einfach, dass meine Kirche weiterhin bei mir und in meiner Nähe ist.» In solchen Momenten ist mir immer wieder klar geworden, was ich vom Gemeindepfarramt her eigentlich schon wusste: Kirche ist menschliche Gemeinschaft; ist – weiss Gott – auch menschliches Versagen, aber ist dennoch eine Gemeinschaft, die vom Evangelium her gestaltet wird und der man deshalb Sorge tragen muss.

Die politische Debatte über die Initiative wurde vor allem in den Medien und in den Parteien geführt. Auch da waren hüben und drüben viele Emotionen im Spiel – zumal der Ausgang der Abstimmung bis am Schluss ungewiss schien. Ein gutes halbes Jahr vor dem Abstimmungstermin veröffentlichte der «Tages-Anzeiger» eine Meinungsumfrage, die eine klare Annahme der Initiative prognostizierte. Das hat uns alle herausgefordert: die Mitglieder des Kirchenrats, die Stabsmitarbeiter in den Gesamtkirchlichen Diensten, die vielen engagierten Mitarbeiterinnen und Mitarbeiter in den Kirchgemeinden wie auch das politische Abstimmungskomitee. Wir wussten nun, dass noch viel Überzeugungsarbeit zu leisten war. Wir waren froh, dass sich auch der damalige Vorsteher der kantonalen Direktion der Justiz und des Innern, Moritz Leuenberger, klar gegen die Initiative aussprach.

Ich weiss noch gut, wie ich an jenem Sonntag, am 24. September 1995, als die Abstimmung stattfand, drei, vier Stunden lang wandern ging ... – einfach nur wandern und dann das Resultat akzeptieren, so, wie es war, bis hin zu den allfälligen persönlichen Konsequenzen, die zu ziehen ich mir vorgenommen hatte. Dann war das Ergebnis da: Die Trennungsinitiative wurde mit rund 65 Prozent Nein-Stimmen deutlich abgelehnt. Nur eine einzige Gemeinde im ganzen Kanton Zürich hatte Ja zur Privatisierung der Kirchen gesagt. Alle anderen Gemeinden hatten uns offensichtlich geglaubt, worauf wir im Abstimmungskampf immer wieder hingewiesen hatten: Mit der Abstimmung ist für uns nicht einfach alles erledigt. Es ist uns klar, dass Reformbedarf besteht.

An jenem Sonntag wurde mir definitiv bewusst, dass das Verhältnis von Kirche und Staat für unseren Kanton kein Nebenthema ist, sondern ein Hauptthema bleiben würde. Und so machten wir uns an die Arbeit.

Schritte zur Entflechtung

Kirche und Staat sollten stärker entflochten und die Kirchen selbständiger werden. Aber sie sollten weiterhin in einem partnerschaftlichen Verhältnis zum Staat stehen.

Dieses Ziel führte zu langjährigen Reformarbeiten an den Kirchenartikeln der kantonalen Verfassung und zur Erarbeitung eines neuen Kirchengesetzes. Die Verantwortung für diese Reformarbeiten lag natürlich primär beim Regierungsrat und beim Kantonsrat, aber dank guter Zusammenarbeit waren wir immer einbezogen. Es ging ja um Anliegen, die auch unsere waren. Wichtig schien uns dabei vor allem, dass die evangelisch-reformierte Landeskirche, die römisch-katholische Körperschaft und die christkatholische Kirchgemeinde weiterhin öffentlich-rechtlich anerkannt blieben.

Ich habe mich damals auch für die Möglichkeit einer staatlichen Anerkennung anderer Religionsgemeinschaften eingesetzt. Die reformierte Kirche war schon lange der Meinung, dass die Israelitische Cultusgemeinde Zürich wie auch die Jüdische Liberale Gemeinde vom Staat anerkannt werden sollten. Die Gegner einer weitergehenden Anerkennung provozierten bei der ersten Abstimmung im Jahr 2003 aber mit der Prognose, der Staat müsse in diesem Fall schon bald

Steuergelder für Koranschulen einsetzen. Prompt wurden die Kirchen- und Religionsvorlagen an der Urne verworfen.

Mit der neuen Kantonsverfassung, die 2005 vom Volk angenommen wurde, haben dann die beiden jüdischen Gemeinden doch noch ihre staatliche Anerkennung erhalten, allerdings nicht den öffentlich-rechtlichen Status. Im Sommer 2007 nahm der Kantonsrat das stark überarbeitete neue Kirchengesetz mit nur vier Gegenstimmen deutlich an. Es freute mich sehr, dass die Vorlage durch alle Fraktionen hindurch eine breite Unterstützung fand und kein Referendum dagegen ergriffen wurde. Dieses neue Kirchengesetz ist am 1. Januar 2010 in Kraft getreten.

Nach dem neuen Kirchengesetz haben Firmen weiterhin Kirchensteuern zu bezahlen. Neu wurde für diese Steuern aber eine Zweckbindung eingeführt. Diese Gelder dürfen nicht mehr für kultische Zwecke verwendet werden, sondern nur noch für soziale und kulturelle Aufgaben, die einer breiteren Öffentlichkeit zugutekommen. Dies finde ich sinnvoll. Wir bekommen dieses Geld aus der Wirtschaft also weiterhin und werden über dessen Verwendung entsprechend Rechenschaft ablegen. Dass uns hingegen vom Staat weniger Mittel zufliessen, ist für uns zwar einschneidend, aber die neue Regelung entspricht der heutigen Zeit und war notwendig.

Besonders freut mich, dass die Kirchen mit dem neuen Kirchengesetz eine grössere Selbstständigkeit erhalten haben. So zum Beispiel die Freiheit, das Stimm- und Wahlrecht in den Kirchen anders zu organisieren als der Kanton. Bei uns können nun auch ausländische Kirchenmitglieder abstimmen oder in ein kirchliches Amt gewählt werden. Das hat dazu geführt, dass nun auch deutsche oder holländische Kirchenmitglieder an den Kirchenpflegetagungen teilnehmen. Es ist doch wirklich einleuchtend, dass für eine Mitarbeit in der Kirche nicht die Staatszugehörigkeit, sondern die Zugehörigkeit zur Kirche Jesu Christi ausschlaggebend ist. Mit dem Stimm- und Wahlrecht für ausländische Kirchenmitglieder haben wir übrigens nichts Neues erfunden, sondern etwas eingelöst, was von der Kirchensynode schon vor Jahrzehnten gefordert worden war.

Arbeit an den Strukturen

Mit dem Kirchengesetz waren nun also die staatlichen Rahmenbedingungen für das Wirken der Kirche festgelegt. Die organisatorischen Details hatte die Kirche mit einer neuen Kirchenordnung nun aber selber zu regeln. Die Erarbeitung einer neuen Kirchenordnung war denn auch ein Schwerpunkt in meinen letzten Amtsjahren. Der Kirchenrat verfasste einen ersten Entwurf und gab diesen im Sommer 2007 bei den 179 Kirchgemeinden in die Vernehmlassung. Aufgrund der Vernehmlassungsresultate erarbeitete er mit seinen Mitarbeitenden eine definitive Vorlage zuhanden der Kirchensynode.

Es war für mich ein Privileg, dank meines Amtes Wesentliches zu dieser Kirchenordnung beitragen zu dürfen. Aber sie ist das Werk von sehr vielen geworden. Die Kirchensynode mit ihren verschiedenen Spezialkommissionen nahm diese Aufgabe sehr ernst. Und ich denke, dass wir zusammen auf gute Weise um die rich tigen Worte und um adäquate, reformierte Regelungen gerungen haben.

Trotz langer und detaillierter Diskussionen über einzelne Formulierungen war klar: Bei einer Kirchenordnung geht es um die Strukturen, die neu festgelegt werden müssen. Doch wir wissen gleichzeitig, dass Kirche immer mehr ist als Regeln und Strukturen. Kirche ist dort, wo Menschen zum Glauben und zur Mitmenschlichkeit befreit werden. Und das kann nicht geplant und reguliert werden. Das Wesen der Kirche, unsere Identität, kann nicht festgehalten werden in Ordnungen, Gesetzen und Reglementen. Unsere Identität soll uns vielmehr Mut geben zur Offenheit. Mut, das Evangelium zu leben, in seinen unendlichen Farben, so wie es sich bricht, wenn sein Licht auf die verschiedenen Menschen fällt.

Im Vertrauen auf das Evangelium

In der Kirchensynode war lange umstritten, wie die Präambel der Kirchenordnung aussehen sollte. Zum Schluss sagte man sich: «Wozu hat man eigentlich einen Kirchenrat? Der soll doch einen Vorschlag machen!» – So ging ich nach der Sitzung vom Rathaus hinüber zur Kirchgasse, und ganz oben in der Kirchgasse wurde mir klar: Es gibt in diesem Zusammenhang nur zwei wichtige Aussagen für uns Reformierte. Die eine Aussage heisst: «im Vertrauen auf das Evangelium». Alles, was wir tun, können wir nur im Vertrauen auf das Evangelium tun, das uns unverfügbar ist und aus dem wir keinen Rechtssatz ableiten können. Nur das Vertrauen auf das Evangelium gibt uns den Mut, überhaupt etwas zu tun. Und die zweite wichtige Aussage ist das Wissen um die Vorläufigkeit unseres Tuns. Andere werden folgen und sich ihrerseits um die richtige Gestaltung unserer Kirche bemühen. Diese Überlegungen habe ich in die Diskussion eingebracht und die Präambel lautet nun so: «Im Vertrauen auf das Evangelium und im Wissen um die Vorläufigkeit menschlichen Tuns gibt sich die Evangelisch-reformierte Landeskirche des Kantons Zürich die folgende Kirchenordnung ...»

Trotz dieser Vorbehalte brauchen wir eine gewisse Kontinuität, denn wir bilden Menschen für kirchliche Berufe aus. Wir müssen deshalb wissen, wie wir sie einsetzen wollen, welche Verantwortung und welche Kompetenzen sie haben und wie wir sie entschädigen. Sie bauen ja ihr Leben darauf auf. Darum sind Regelungen wichtig. Deshalb braucht es eine Kirchenordnung. Aber sie ist nicht das letzte Wort, sie hat nur vorläufigen Charakter. Vielleicht sehen die Verhältnisse in zwanzig, dreissig Jahren ganz anders aus – und man muss wieder über die Bücher gehen. Und dann gilt erneut: «im Vertrauen auf das Evangelium und im Wissen um die Vorläufigkeit menschlichen Tuns».

Kirche: ein Definitionsversuch

Ähnlich wie bei der alten Kirchenordnung aus dem Jahr 1967 sollte auch in der neuen unser Kirchenverständnis programmatisch festgehalten werden. Der erste Satz des ersten Artikels heisst nun: «Kirche ist überall, wo Gottes Wort aufgrund der Heiligen Schrift Alten und Neuen Testamentes verkündigt und gehört wird.» Mir ist es wichtig, dass wir bei der Definition von Kirche vom Alten und vom Neuen Testament ausgehen. Die reformierte Kirche hat immer wieder betont, dass das Alte und das Neue Testament nicht Gegensätze, sondern ein Ganzes sind. Evangelien sind nicht einfach nur die vier so bezeichneten Texte im Neuen Testament. Das Evangelium besteht aus allen biblischen Texten, die uns ermutigen und uns im Leben weiterhelfen.

Der zweite Satz des ersten Artikels geht dann in einer sehr offenen Art auf das trinitarische Geschehen ein: «Kirche ist überall, wo Menschen Gott als den Schöpfer anerkennen, wo sie Jesus Christus als das Haupt der Gemeinde und als den Herrn und Versöhner der Welt bekennen und wo Menschen durch den Heiligen Geist zum Glauben gerufen und so zu lebendiger Gemeinschaft verbunden werden.» Die Dynamik des Heiligen Geistes verbindet demnach die Menschen im Glauben. Und dieser Glaube zeigt sich darin, dass er in Wort und Tat bezeugt wird. Wort und Tat gehören zusammen. Der Schlusssatz des ersten Artikels heisst darum folgerichtig: «Kirche ist überall, wo Menschen durch Glaube, Hoffnung und Liebe das Reich Gottes in Wort und Tat bezeugen.»

Um die Glaubens- und Gewissensfreiheit zu betonen, hat unsere Kirche im 19. Jahrhundert die Bekenntnisfreiheit eingeführt. Dies wird uns manchmal zum Vorwurf gemacht. Es sei nicht klar, wofür die reformierte Kirche eigentlich stehe und woran sie glaube. Darüber ist – gerade in einer Zeit der religiösen Unübersichtlichkeit – nachzudenken. Wenn ich allerdings die ersten Artikel unserer Kirchenordnung betrachte, bin ich der Meinung, dass unser Glaubensprofil und unser

Selbstverständnis klar festgehalten sind. Diese ersten Artikel haben durchaus bekenntnishaften Charakter; besonders der erste Satz des dritten Artikels, wo es heisst: «Die Landeskirche ist mit ihren Gliedern allein dem Evangelium von Jesus Christus verpflichtet. An ihm orientiert sich ihr Glauben, Lehren und Handeln.»

Fundamental, nicht fundamentalistisch

Es hat wenig zugespitzte Aussagen in der Zürcher Kirchenordnung. Man ist eher zürcherisch zurückhaltend. Anders diese Stelle im Artikel 3, wo festgehalten wird, dass die Landeskirche «allein dem Evangelium von Jesus Christus verpflichtet» ist. Hier geht es um das Fundament der reformierten Kirche. Dies ist allerdings nicht fundamentalistisch zu verstehen. Im Gegenteil. Das Evangelium ist eine dynamische Grösse. Es lässt sich nicht auf einzelne Sätze festlegen, die zu jenen Zeiten, als sie geschrieben wurden, galten. Damals hat man zum Beispiel gleichgeschlechtlich liebende Menschen vehement abgelehnt. Man könnte nun den Satz «allein dem Evangelium verpflichtet» so verstehen, dass die Ablehnung der Homosexualität biblisch sei und deshalb auch heute noch gelten müsse …

Die Zürcher Landeskirche hat aber deutlich gemacht, dass sie die biblischen Sätze, in denen homosexuelle Menschen verurteilt werden, als historisch und kulturell bedingt betrachtet. Heute sind wir bei dieser Frage an einem anderen Punkt. Unsere Kirche sagt heute – gerade aufgrund des Evangeliums –, dass auch gleichgeschlechtliche Beziehungen respektiert werden sollen, wenn diese verantwortlich gelebt werden. Das Evangelium ist keine Rechtsordnung, sondern ein Auftrag, die Welt im Namen des Gekreuzigten und Auferstandenen mit mehr Liebe und Verständnis füreinander zu erfüllen.

Teil der einen, heiligen, katholischen und apostolischen Kirche

Die Sätze, die der Verpflichtung auf das Evangelium folgen, mögen erstaunen. Wir halten im Artikel 3 der Kirchenordnung nämlich fest: «Die Landeskirche bekennt das Evangelium mit der christlichen Kirche aller Zeiten. Sie ist im Sinne des altchristlichen Glaubensbekenntnisses Teil der einen, heiligen, katholischen und apostolischen Kirche. Sie ist in diesem ökumenischen Horizont evangelische Kirche.» Als Reformierte können wir doch nicht katholisch sein, hiess es damals in der Synode. Doch. Wir glauben, dass die Kirche einig und umfassend ist, wie dies das Wort «katholisch» im ursprünglichen Sinn meint. Nicht durch uns ist sie es, oder weil wir sie einheitlich organisieren, wie es die römisch-katholische Kirche möchte, sondern die Kirche ist einig und umfassend, weil sie Gott gehört. «Katholisch» meint – und das haben auch die Reformatoren nie abgelehnt –, dass wir mit der Kirche Christi aller Orte und aller Zeiten verbunden sind.

Fremd mag im Artikel 3 auch der Ausdruck «apostolische Kirche» klingen. Hier wird auf die Alte Kirche Bezug genommen, also auf das, was uns von den Aposteln weitergegeben worden ist. Nicht nur von den Augenzeugen Christi, sondern vor allem auch vom Apostel Paulus. Er war es, der spürte, dass das Evangelium die damals vorgegebenen religiösen Grenzen sprengte, ja dass das Evangelium alle Menschen anging. Er ging in die damalige antike Welt hinein, die von enormen religiösen und politischen Zwängen geprägt war, und wagte zu sagen: Der Glaube an Jesus Christus befreit!

Diese Haltung setzte neue Massstäbe. So übernahmen die Gläubigen zum Beispiel Verantwortung für ihre christlichen Brüder und Schwestern, bis hin zum ökonomischen Ausgleich. Mich fasziniert nach wie vor, wie Paulus im 2. Korintherbrief für die arme Gemeinde in Jerusalem, mit der er ja hin und wieder seine liebe Mühe hatte, eine Kollekte forderte. Er sagte: Denen, die uns damals den Glauben weitergaben, schulden wir etwas. Und er begründete dies christologisch.

Dies hat mich auch bei der Bettagskollekte 2010 bewegt, die wir für die Christen im Irak bestimmt hatten. Der Irak gilt zusammen mit Syrien als Wiege des Christentums. Heute gibt es da aber nur noch einige hunderttausend Christen, die als Binnenflüchtlinge in den kurdischen Provinzen leben. Aufgrund vieler Übergriffe und Anfeindungen sind etwa zwei Drittel aller Christen in den letzten zehn Jahren ins Ausland geflohen. Die noch Verbliebenen versuchen mit westlicher Hilfe zu überleben und ihre alte Kultur zu bewahren. Ihre Sprache ist noch immer aramäisch, also die Sprache Jesu. Wir säkularisierten Westprotestanten kommen diesen Assyrern wahrscheinlich ziemlich merkwürdig vor. Aber wir sind mit ihnen verbunden.

Für mich ist «apostolisch» etwas Dynamisches, etwas nach vorn Gerichtetes. Und es hat etwas mit der Weltgemeinschaft der Kirchen zu tun. Ich finde diesen

Blick über die Grenzen wichtig, denn dabei entdecken wir, dass man auch in viel schwierigeren und ärmeren Verhältnissen als den unseren Christ sein kann. Es ist nicht immer so harmlos, «allein dem Evangelium von Jesus Christus verpflichtet» zu sein.

Das prophetische Wächteramt

Harmlos ist auch der Artikel 4 nicht, wo es unter anderem heisst: «Die Landeskirche nimmt das prophetische Wächteramt wahr. In der Ausrichtung aller Lebensbereiche am Evangelium tritt sie ein für die Würde des Menschen, die Ehrfurcht vor dem Leben und die Bewahrung der Schöpfung.» Das schöne reformatorische Wort vom «prophetischen Wächteramt» hat Zwingli immer wieder benutzt. Natürlich stand in der kurzen Zeit, in der Zwingli wirkte, weniger das Ausgleichende im Vordergrund, sondern das Neue, das Revolutionäre, das Aufsprengende …

Im Grossmünsterstift, wo über vierzig Geistliche vor allem mit dem Lesen von Totenmessen beschäftigt waren, redete er auf prophetische Weise Klartext: Schaut doch hinaus in die Welt. Da werden Menschen als Söldner verkauft und die Reichen verdienen daran. Die Verkauften kehren dann als verkommene Menschen zurück. Die Frauen verlieren ihre Männer und die Mütter ihre Söhne. Diese Welt hat Befreiung nötig!

Diese Probleme trieben Zwingli manchmal fast zu stark in den Aktivismus. – Um dieser Gefahr zu entgehen, umschreiben wir in der Kirchenordnung den alten Begriff des «prophetischen Wächteramts» mit «Ausrichtung aller Lebensbereiche am Evangelium».

Der Sündenbock, Sigmar Polke, Grossmünster Zürich

Gedanken zum Pfarramt

Für die Pfarrerinnen und Pfarrer hat die neue Kirchenordnung wenig Veränderungen gebracht. Die Tradition, in der das zürcherische Pfarramt steht, wurde schon von Zwingli und dessen Nachfolger Heinrich Bullinger begründet. Zwingli sah den Pfarrer als Propheten und Verkündiger des Evangeliums. Bullinger war es dann wichtig, die Pfarrschaft systematisch in den Dienst der gesamten Kirche zu nehmen. Pfarrer sind in unserer Kirche nicht Angestellte der Kirchgemeinde, sondern stehen im Dienst der Landeskirche.

Das spiegelt sich auch darin, dass die Landeskirche die Arbeitgeberin der Pfarrerinnen und Pfarrer ist und – seit der stärkeren Entflechtung von Kirche und Staat – deren volle Besoldung übernommen hat. Ob in Sternenberg oder in Küsnacht, die Entlöhnung ist gleich geregelt. Gewählt werden die Pfarrpersonen hingegen in den Gemeinden – und sie können dort auch abgewählt werden.

Pfarrerbild im Wandel

Während des Theologiestudiums habe ich erlebt, wie sich das Bild des Pfarrers in der Öffentlichkeit innert kurzer Zeit stark verändert hat. Man sprach damals von Verlust der Autorität, weil Pfarrerinnen und Pfarrer vermehrt infrage gestellt oder sogar abgewählt wurden. Doch es ist eine Idealisierung, wenn man meint, dass es in früheren Zeiten keine Auseinandersetzungen um die Pfarrer gegeben habe.

Schon im 19. Jahrhundert, mit dem Aufkommen des theologischen Liberalismus, wurden in der Schweiz Kirchen und Pfarrer massiv infrage gestellt. Der Übergang vom 19. ins 20. Jahrhundert war geprägt von schlechtem Kirchenbesuch und von Theologen, die sich gegenseitig den Glauben absprachen. An einigen Orten kam es wegen des Streits zwischen konservativen und liberalen Kreisen sogar zur Kirchenspaltung. So in Genf, im Waadtland und in Neuenburg. Das alles blieb nicht ohne Folgen: Die Bevölkerung nahm die Pfarrer nicht mehr sehr ernst. Erst in der Zwischenkriegszeit gab es dann einen grossen theologischen und kirchlichen Aufbruch. Und nach dem Zweiten Weltkrieg begann in fast jeder Kirchgemeinde eine rege Jugendarbeit.

Wichtig finde ich in der heutigen Zeit auch, dass man sich wieder bewusster wird, was die Bedeutung des Pfarramtes ist. Wir Reformierten betonen ja das «Priestertum aller Gläubigen». Jeder Mensch kann im Beruf, in seiner Familie, wo immer er ist, für die anderen «Priester Christi» sein, und das heisst: Christus bezeugen. Das heisst aber nicht, dass er Sakramente spenden oder die Verkündigung übernehmen soll. Schon Bullinger hielt fest, dass es das «Ministerium» brauche – so der Fachbegriff für die Gesamtheit der ausgebildeten Pfarrer, denen dieses Amt übertragen wird. Sie sind als ausgebildete Amtsträger zuständig für Verkündigung, Taufe und Abendmahl.

Ein Beruf, der Berufung ist

Heute ist bei der Pfarrerausbildung das Thema Nähe und Distanz wichtig. In Gesprächen mit Vikarinnen und Vikaren habe ich festgestellt, dass diese oft der Meinung sind, ihre Praktikumsleiterinnen und -leiter liessen sich zu stark vom Pfarramt absorbieren. Ich habe die jungen Leute manchmal ein bisschen ausgelacht und gesagt, dass sie mir vorkämen wie Leute neben dem Schwimmbecken, die sich unablässig abtrocknen, obwohl sie noch gar nicht schwimmen gegangen sind.

Doch ich verstehe solche Bedenken durchaus, denn aus eigener Erfahrung weiss ich: Wenn man dann wirklich drin ist im Schwimmbecken, kann man ziemlich nass werden. Doch heute ist das Bild vom Pfarrer, der «immer im Dienst» ist, weitgehend Vergangenheit. Auch der Pfarrer darf seine Ruhezeiten haben und er kann sich mit dem Telefonbeantworter behelfen oder mit anderen Pfarrern so organisieren, dass er nicht immer erreichbar sein muss.

Auch wenn die Zeiten sich geändert haben: Pfarrerin oder Pfarrer ist man als Ganzes. Im zweiten Satz des Ordinationsgelübdes heisst es: «Ich gelobe, im Gehorsam gegenüber Jesus Christus diesen Dienst

durch mein Leben zu bezeugen, wo immer ich hinberufen werde.» Dieser Satz betont, dass es neben dem
Professionellen auch um etwas Existenzielles geht.
Pfarrerinnen und Pfarrer dürfen nicht zu Religionsdie-
nern werden, die Dienst nach Vorschrift leisten.

«Wo immer ich hinberufen werde» heisst: Man ist
auf die gleiche Weise Pfarrer oder Pfarrerin, wie man
zum Beispiel Arzt oder Ärztin ist. Es kann bedeuten,
dass man in ein Konzert geht, sich freut, die Arbeit
einen Abend lang hinter sich lassen zu können, und
dann passiert ein Unfall und es heisst: «Ist ein Arzt
im Haus?» Vielleicht braucht es auch einen Pfarrer
in einem solchen Moment. Dann bleibt keine Zeit,
um über Distanz nachzudenken. Solche Situationen
zeigen, dass man es in diesem Beruf eben mit den
Grundfragen der Existenz zu tun hat – und das ist ja
gerade das Schöne an diesem Beruf.

Deshalb finde ich es auch wichtig, dass unsere
Pfarrerinnen und Pfarrer über die Pensionierung hinaus Pfarrerinnen und Pfarrer bleiben. Es gibt da seit
Jahrzehnten eine schöne Tradition. Einmal im Jahr
lädt der Kirchenrat die pensionierten Pfarrerinnen
und Pfarrer, Pfarrfrauen und Pfarrwitwen zu einer Zu-
sammenkunft ein. Und jedes Mal war ich aufs Neue
beeindruckt davon, wie viele verschiedene Persönlichkeiten, welche Fülle von Erfahrungen und welch
geistige Lebendigkeit da zu spüren waren.

«Pfarrer: Menschen liebend, alle»

In einer meiner ersten Konfirmandenklassen, etwa vor
38 Jahren, habe ich Zettel verteilt mit der Frage: Wie

müsste für dich ein Pfarrer sein? Die Antworten waren völlig unterschiedlich, aber eine ist mir noch so gegenwärtig, wie wenn ich sie erst gestern gehört hätte. Eine Konfirmandin hatte nur ein paar Worte notiert: «Pfarrer: Menschen liebend, alle.» Mich machte diese Aussage sehr nachdenklich, denn ich weiss, dass ich nicht alle Menschen gern habe. Aber wenn ein junger Mensch davon ausgeht, dass ein Pfarrer einer ist, der Menschen zuerst einfach einmal annimmt und nicht von Vorurteilen ausgeht, sollte uns das doch eigentlich die Richtung zeigen ...

Der Satz der Konfirmandin hat sich für mich mit einer anderen Geschichte verbunden, die ich in meiner Kindheit erlebte: Mein Vater bildete damals, nach dem Zweiten Weltkrieg, im Auftrag der Amerikaner Gefängnisdirektoren für Deutschland aus. Einer dieser Amerikaner, Chef des Gefängniswesens in Deutschland, war häufig bei uns zu Gast. In einer Diskussion wurde er gefragt, wie man mit Gefangenen umgehen solle. Noch heute höre ich seine schlichte Antwort in mir nachklingen: «Du musst sie lieb haben, deine Gefangenen.»

Vielleicht ist das eine abstruse Aussage für jemanden, der für Gefängnisse zuständig ist. Aber offensichtlich hatte dieser Mann erkannt, dass es hinter aller Professionalität noch eine andere Grundhaltung braucht: «Du musst sie lieb haben ...» Solche Erfahrungen zählen für mich zu den Glanzpunkten des Lebens.

Besondere Bedeutung des Abendmahls

Die Zürcher Kirchenordnung hält fest, dass der Pfarrer oder die Pfarrerin die Verantwortung für den Gottesdienst hat. Das halte ich deshalb für wichtig, weil es in den letzten Jahrzehnten Versuche gab, die Gemeindeglieder stärker in den Gottesdienst einzubinden. Ein Stück weit ist das auch gut so. Beim Austeilen des Abendmahls oder auch bei Lesungen und Gebeten finde ich es schön, wenn auch Nicht-Theologen beteiligt sind. Doch bei der Verkündigung braucht es theologische Kompetenz und eine klare Zuständigkeit. Ebenso bei der Taufe. Mit diesen Zeichen sollte man sehr sorgfältig umgehen.

Dasselbe gilt für das Abendmahl, das ebenfalls zentral dem Pfarramt zugewiesen ist. Und zwar in einer Formulierung, die dem «Consensus Tigurinus» entspricht, also jenem Dokument, in dem sich Bullinger und Calvin über ihr Verständnis des Abendmahls geeinigt haben: «Das Abendmahl vergegenwärtigt den Bund, den Gott in Jesus Christus mit seiner Gemeinde geschlossen hat.» (Artikel 49, KO)

Auch beim Abendmahl gab es in den letzten Jahrzehnten viele Veränderungen. Ich erinnere mich, wie ich nach meiner Konfirmation das erste Mal zum Abendmahl ging: angespannt und vermutlich mit viel zu hohen Erwartungen. Später kam die Zeit, in der auch die Kinder zum Abendmahl eingeladen wurden, was ich durchaus begrüsse. Danach kam es allerdings zu manchen Experimenten. Plötzlich galt es etwa als besonders schick, wenn Nicht-Ordinierte die Einsetzungsworte sprachen. Bei uns Reformierten ist das theologisch zwar möglich, doch ich frage mich, ob das wirklich sein muss. Vor allem auf dem Hintergrund der ökumenischen Zusammenarbeit mit anderen Kirchen, in denen dies undenkbar ist, scheint mir eine solche Praxis problematisch zu sein. Warum kann man nicht in aller Ruhe sagen: Das Abendmahl ist jetzt eben dem Pfarramt zugeordnet; es ist etwas Schönes, Grosses, zwar nichts Ausschliessendes, aber etwas Besonderes. Und dies wird dadurch ausgedrückt, dass die Einsetzungsworte dem Pfarrer vorbehalten sind.

Als Kirchenratspräsident hatte ich nur noch selten die Gelegenheit, das Abendmahl einzusetzen. Umso bewusster wurde mir dadurch, wie wichtig und schön diese Feier ist. Gegenüber all den komplizierten Reden, die ich während der letzten Jahre oft zu halten hatte, war das Abendmahl ergreifend schlicht: Ein Stücklein Brot, ein Schluck Wein und eine Erfahrung, die einem ganz nahekommt, die ganz elementar ist – so wie das Evangelium. In diesem Sinne habe ich im Lauf der Zeit zu einer eigentlichen Spiritualität des Abendmahls gefunden.

Zwingli sprach übrigens nicht von Abendmahl, sondern von Eucharistie, Danksagung. Ich finde es eigentlich schade, dass wir diese Bezeichnung, die auch für die reformierte Kirche stimmig wäre, den Katholiken überlassen haben. Hier, wie auch in vielen anderen Bereichen, wären in der katholischen Theologie wichtige Ergänzungen für uns zu finden. Wir haben ja eine 1500-jährige gemeinsame Geschichte mit der katholischen Kirche und es verbindet uns viel mehr miteinander, als wir früher meinten. In diesem Sinn bin ich von einer weiten, fröhlichen, getrosten, eucharistischen Spiritualität geprägt.

Freiheit und Verantwortung

Auch bei Trauungen und Abdankungen liegt die Verantwortung gemäss Kirchenordnung bei den Pfarrerinnen und Pfarrern. Ich finde es wichtig, dass Traugottesdienste wirklich Gottesdienste bleiben und in unseren Kirchen und Kapellen stattfinden. Damit wird gezeigt, dass es um eine kirchliche Handlung geht, die die Kirche ihren Mitgliedern zur Verfügung stellt. Doch sie steht auch Menschen offen – das entscheiden dann die jeweiligen Pfarrer –, die nicht mehr oder noch nicht Mitglieder unserer Landeskirche sind.

In diesen Fragen wird unseren Pfarrerinnen und Pfarrern eine grosse Freiheit zugestanden. Sie können Ausnahmen von der Kirchenordnung beschliessen, zum Beispiel auf Wunsch der Angehörigen eine Abdankung an einem anderen Ort als in einer Kirche oder Kapelle feiern. Solche Entscheide sollen aber, wie es in der Kirchenordnung heisst, «in theologischer Verantwortung» (Artikel 87, KO) gefällt werden. Dasselbe gilt auch für «Gottesdienste in besonderen Lebenslagen» (Artikel 64, KO). Das heisst, dass Pfarrerinnen und Pfarrer auch die Segnung einer Partnerschaft oder eine besondere Feier zu einer goldenen Hochzeit oder einem anderen Jubiläum durchführen können. Dazu gehört ein Gespräch, in dem mit den Beteiligten die theologisch und liturgisch verantwortliche Gestaltung des Gottesdienstes sorgfältig geklärt wird. Unsere Pfarrschaft ist gut ausgebildet und soll deshalb auch Verantwortung übernehmen.

Gerade bei Trauungen ist heute eine solche Verantwortung wichtiger denn je, denn immer häufiger kommen ausgefallene Wünsche auf die Pfarrschaft zu. Dann geht es darum, Lösungen zu suchen, die dem heiratenden Paar entsprechen, bei denen aber auch der gottesdienstliche Charakter einer Trauung erhalten bleibt. Das Traupaar soll spüren, dass es im Pfarrer oder der Pfarrerin ein Gegenüber hat, das sich gern auf seine Anliegen einlässt und die Feier angemessen gestalten möchte. Ich gehe davon aus, dass unsere Pfarrerinnen und Pfarrer dies in der Regel gut machen und nicht in die Beliebigkeit abgleiten. Meist kann man den Wünschen in guter Weise entgegenkommen, denn sie gründen ja in einer tiefen Sehnsucht nach Geborgenheit, Schönheit und Festlichkeit.

«Berufung zum Dienst am Wort»

Pfarrerinnen und Pfarrer stehen also für die Landeskirche als Ganzes ein. Deshalb wird ihre Beauftragung für ihren Beruf und ihre Einsetzung in ein Pfarramt mit Ordination und Installation begangen. Die Zürcher Landeskirche bezeichnet diese beiden Formen als «Berufung zum Dienst am Wort» (Artikel 98, KO).

Eine Beauftragung oder Einsetzung kann es auch für weitere Personen geben; Ordination und Installation hingegen gibt es nur für den Pfarrdienst. Die Ordination geht zurück bis in die Zeit der Reformation. Sie soll deutlich machen, dass Menschen in einen besonderen Dienst, eben in das «ministerium verbi divini» (Dienst am göttlichen Wort) berufen sind. Die Installation findet hingegen dann statt, wenn ein Pfarrer oder eine Pfarrerin eine Pfarrstelle antritt. Ich finde es schön, dass man durch Ordination und Installation sein Leben lang Pfarrer bleibt, auch wenn man pensioniert ist. Damit bleibt man der Kirche in ganz besonderer Weise verbunden.

Kirche der Zukunft: mutig und offen

Natürlich mache ich mir oft auch Gedanken über die Zukunft der Kirche. Wichtig scheint mir vor allem ein Punkt zu sein: Es darf nicht zu einer «Verkirchlichung der Kirche» kommen. Unsere Kirche darf sich, gerade auch bei ökonomischen Schwierigkeiten, mit denen sie in den nächsten zehn, fünfzehn Jahren vermutlich konfrontiert sein wird, nicht nur um sich selbst drehen. Unsere Kirche muss eine mutige und offene Kirche bleiben, eine Kirche, die in die Gesellschaft hinein-wirkt und gesellschaftliche Sorgen und Nöte aufgreift. Wir sollten einfach für die Menschen da sein, zu wel-cher Nation oder Religion auch immer sie gehören. In freier und offener Weise, in Kirchgemeinden, in Stadtkirchen, am Bahnhof, im Flughafen. Oder in Hei-men, Spitälern und Gefängnissen, wo die Seelsorge-rinnen und Seelsorger von ihrem Auftrag her für alle da sind. An diese diakonische Verantwortung ist die Kirche immer wieder zu erinnern. Man kann das als prophetisches oder auch als missionarisches Wirken bezeichnen. Aber Diakonie darf nie «verzweckt» wer-den. Wichtig ist, dass die Kirche glaubwürdig bleibt und wir auch in Zukunft Menschen für die Werte des Evangeliums begeistern können.

Optimistisch stimmt es mich, wenn ich sehe, dass man heute die Globalisierung nicht mehr nur der Wirtschaft und dem Tourismus überlässt. Ich sehe, wie junge Menschen, auch Theologinnen und Theologen, in anderen Ländern studieren und dort auf Menschen aus anderen Kulturen zugehen und dabei auch ganz andere Formen von Kirche kennenlernen. Ich wünschte mir, dass uns Reformierten in der Schweiz viel stärker bewusst wird, dass wir keine isolierte Kirche sind. Die zweieinhalb Millionen Reformierten der Schweiz sind Teil der weltweiten Gemeinschaft der Reformierten. Wir sind in unserem Glauben verbunden mit achtzig Millionen Reformierten rund um die Welt.

In anderen Ländern ist bei den Reformierten eine unerhörte Dynamik des Glaubens im Gang. Mir kommt dazu manchmal ein Wort von Martin Luther in den Sinn: Das Gotteswort sei wie ein Platzregen. Es gehe einmal hier nieder und dann wieder an einem anderen Ort. Zurzeit ist dieser kirchliche Aufbruch vor allem in Afrika, Lateinamerika, China oder auch in Korea zu beobachten. Wir können den Austausch mit den Christen dieser Länder suchen und uns von ihnen ermutigen lassen. Natürlich können wir sie nicht einfach kopieren, aber wir können sie wahrnehmen und uns von Herzen an ihnen freuen.

In manchen Phasen meines Lebens hat mir der Aspekt, dass die Kirche sich wandelt, eher Mühe bereitet. Ich befürchtete, dass sich das Christentum dabei auflösen könnte. In der Kirchengeschichte gibt es entsprechende Beispiele. Durch Angleichung an den Zeitgeist, zum Beispiel im 19. Jahrhundert an den Zeitgeist des Liberalismus, ging in der Kirche oft zu viel verloren. Heute ist es mir aber wichtiger geworden, darauf zu vertrauen, dass sich das Christentum immer wieder transformiert. In Zürich erleben wir das seit einiger Zeit mit den Migrationsgemeinden aus Afrika, die eine ganz neue Dynamik ins kirchliche Leben bringen. Das sollten wir ernst nehmen und uns daran freuen.

500 Jahre Reformation

Geschichte hat mich immer fasziniert. Schon früh habe ich zu Hause die Bibliothek meines Vaters nach Geschichtsbüchern durchstöbert und habe verschiedene Gemeindegeschichten verschlungen. Von meinen Eltern bekam ich dann die «Klassischen Sagen des Altertums» geschenkt, deren Inhalt ich als Kind noch in vielen Teilen für reale Geschichte hielt. Merkwürdig ist für mich rückblickend nur, dass ich nie daran gedacht hatte, Geschichte zu studieren.

Im Theologiestudium gehörte ich zu den etwas seltsamen Studenten, die den sogenannten «Heussi», das Kompendium der Kirchengeschichte, faszinierend fanden. Während viele Theologiestudierende darüber seufzten, interessierte mich zum Beispiel die Geschichte der ersten Konzilien sehr. Diesen Übergang vom Neuen Testament zur frühen Kirchengeschichte nannte man «Frühkatholizismus». Und den sah man damals unter reformierten Theologen als Sündenfall an. «Frühkatholizismus» war ein Schimpfwort. Ich verstehe dies bis heute nicht, weil ich davon ausgehe, dass sich das Christentum in jener Zeit in irgendeiner Form transformieren und institutionalisieren musste. Es wäre kein Ideal gewesen, sich in den biblischen Schriften einzumauern. Oder andersherum gesagt: Es gehört zum Christentum und ist gerade seine Stärke, dass es sich immer wieder transformiert und in je neue Kontexte inkulturiert.

Abgründe des Religiösen

Es hat mich allerdings beschäftigt, wie schnell im Altertum aus der verfolgten Kirche eine verfolgende Kirche wurde. Dasselbe geschah leider auch in der Zürcher Reformation, der ich mich sehr verbunden fühle. Es hat mich immer wieder erschreckt, wie da im Namen Gottes Menschen umgebracht wurden. So 1524, als nach dem unseligen Ittinger Sturm, bei dem die Kartause Ittingen zerstört wurde, die katholische Tagsatzung in Baden zwei reformatorisch gesinnte «Anführer» hinrichten liess. Und nur drei Jahre später fand dann auf Befehl der reformierten Obrigkeit die Ertränkung des ersten Täufers, Felix Manz, in der Limmat statt. Für mich sind solch unglaubliche Ereignisse immer wieder eine Mahnung, dass tief drin in unseren menschlichen Institutionen, sogar in unseren Kirchen, etwas zu sitzen scheint, das dem Göttlichen widerspricht.

Immer wieder ist mir das begegnet, dass auch in den besten Absichten Abgründiges steckt und dass wir schnell bereit sind, dieses Abgründige auf die anderen zu projizieren. Stets sind es die anderen theologischen Richtungen, die anderen Konfessionen, die anderen Religionen, die negative Seiten haben.

Statt dass wir zugeben können: Es geht ein tiefer Riss durch alles Schöne, das uns im Leben geschenkt ist. Selbst durch das Schönste, und das ist für mich der Glaube. Selbst durch ihn geht der Riss. Und wenn wir ihn nicht sehen, geschieht es ganz schnell, dass wir aus dem Glauben eine Ideologie machen.

Einsatz gegen das Söldnerwesen

Trotz ihrer Schattenseiten hat mich die Zürcher Reformation stets fasziniert. Ich habe schon früh alles gelesen, was ich in meinem Elternhaus über Zwingli finden konnte. Vor allem beeindruckte mich, dass die Zürcher Reformation von Anfang an das Religiöse und das Politische miteinander verband. Etwa in Bezug auf das Söldnerwesen. Es beschäftigte mich schon als Bub, dass im Mittelalter Menschen gegen Geld angeworben wurden, um andere totzuschlagen. Als ich später davon hörte, dass man im Mittelalter bereits mit 14 Jahren militärmündig war, wurde mir bewusst, dass die damaligen Söldner oft Kindersoldaten waren. Sie wurden vielfach gegen ihren Willen und häufig aus purer Not an die Kriegsherren verkauft. Es machte mir grossen Eindruck, dass sich Zwingli schon sehr früh mit jenen angelegt hat, die an diesem Menschenhandel gut verdienten. Darunter waren auch angesehene Ratsherren.

Kappeler Krieg: Niederlage als Chance

Die Reformation hat in vielen Bereichen dringend nötige Reformen mit sich gebracht. Als junger Mensch bedauerte ich es, dass sich die Reformation nicht in

der ganzen Schweiz durchsetzen konnte und es stattdessen zur Katastrophe des Kappeler Krieges kam.
Erst später sah ich die grösseren Zusammenhänge.
Die Katastrophe von Kappel hat unser Land letztlich
gerettet. Die reformierten Zürcher verloren 1531 einen Krieg und werden dafür bis heute in den Fresken der Kapelle am Gubel verspottet. Aber nach dem
Krieg einigte man sich darauf, dass die Reformierten
die Katholiken «bei ihrem wahren christlichen Glauben» lassen sollten und die Katholiken ihrerseits die
Reformierten «ouch bey ihrem Glouben wellent lassen». Der kleine sprachliche Unterschied ist evident
und klingt fast so, als ob der heutige Papst die damalige Übereinkunft geschrieben hätte ... Aber den Zür-
chern hat die Formulierung nicht weiter wehgetan.
Viel wichtiger war, dass damit eine konfessionelle
Pattsituation entstand, die bis zum Zweiten Villmer-
gerkrieg im Jahre 1712 anhielt.

Zürich hat, wohl contre cœur, bei der Zwangsreka-
tholisierung von Konstanz durch die kaiserlichen Trup-
pen im Jahr 1548 nicht eingegriffen. Wahrscheinlich
war die Rückkehr von Konstanz zum alten Glauben
für Heinrich Bullinger ein schmerzlicher Einschnitt.
Aber es war klar: Es ging um das Überleben der Eid-
genossenschaft, die mit ihren unterschiedlichen Kulturen und Sprachen sehr viele Gegensätze aufwies. Ein
zusätzlicher Konflikt zwischen den Konfessionen wäre
wohl nicht mehr zu verkraften gewesen.

Dank der damaligen Vereinbarung zwischen Katholiken und Reformierten ist die Schweiz von den
Wirren und Schrecken des Dreissigjährigen Kriegs

verschont geblieben. Was das damals bedeutete, ist mir erst im Gespräch mit Deutschen so richtig bewusst geworden. In diesem Krieg von 1618 bis 1648 entluden sich die Spannungen zwischen Katholiken und Protestanten auf dramatische Weise. Und halb Europa wurde verwüstet. Wir sind, Gott sei Dank, davor bewahrt geblieben, weil wir zu diesem Zeitpunkt schon andere Wege gefunden hatten, wie die reformierten und die katholischen Kantone einigermassen friedlich nebeneinander existieren konnten.

Bildung für alle

Die Zürcher Reformation war auch der Anfang des schweizerischen Sozialstaates. Dabei war die Übernahme der Klostergüter ein wichtiger Schritt. Eindrücklich ist für mich dabei, dass die Verwendung der Güter ganz im Sinn der alten klösterlichen Stiftungen geregelt wurde. Die Klostergüter sollten auch in Zukunft drei Zwecken dienen: erstens dem Unterhalt der Kirchen und der Besoldung der Pfarrer, zweitens der Bildung und drittens dem Armenwesen. Inhaltlich wurden diese Zwecke aber neu interpretiert.

Bildung hiess nun nicht mehr Klosterbildung für wenige, sondern Bildung für alle. Im 17. und 18. Jahrhundert gründete die reformierte Kirche überall Volksschulen. Dies war eine eindrückliche Pionierleistung, denn die staatliche Volksschule entstand erst im 19. Jahrhundert. Es gibt die berühmte Schulumfrage durch den Zürcher Antistes im Jahr 1780, die in den damaligen reformierten Kirchgemeinden von

Zürich bis zum Bodensee durchgeführt wurde. Diese Umfrage zeigt, dass es in diesem ganzen Gebiet eine Volksschule gab, in der Lesen, Schreiben, Rechnen und Singen unterrichtet wurden. Zuständig für diese Schulen waren die Kirchgemeinden. Bei der Schulumfrage wurde auch – durchaus modern – danach gefragt, wie viele Knaben und wie viele Mädchen in die reformierten Schulen gingen. In manchen Gegenden war das Resultat überraschend: Es besuchten mehr Mädchen als Knaben die Schule. Das widerspricht der verbreiteten These, die Mädchenbildung sei erst im 19. Jahrhundert eingeführt worden.

Typisch reformiert waren die vier Schwerpunkte der neuen Schulbildung. Das Lesen und Schreiben gehörte zur Grundausstattung der Gläubigen, die nun selber die Bibel studieren sollten. Das Rechnen sollte die sparsame Hausfrau, aber auch jeder, der für private oder öffentliche Güter verantwortlich war, beherrschen. Und das Singen war in der Kirche ebenfalls gefragt. Diese Bildungsansätze haben mit dazu beigetragen, dass es zu einer eindrücklichen ökonomischen Entwicklung in den reformierten Gebieten kam.

Grundlagen für den späteren Sozialstaat

Zu den Neuerungen, welche die Reformation mit sich brachte, gehörte auch die Zürcher Armenordnung. Mit ihr wurde so etwas wie ein erstes Sozialwerk geschaffen – und dies losgelöst vom alten theologischen Motiv der «guten Werke», die für das eigene Seelenheil notwendig sind. Vor der Reformation hatten die

Klöster den Armen geholfen. Wer auch immer an der Klosterpforte anklopfte und um Hilfe bat, ihm wurde geholfen. Die Zürcher Reformierten gingen dagegen rationaler vor. Zwingli sagte: Es gibt zweierlei Menschen. Es gibt Menschen, die arbeiten können – und diese sollen arbeiten. Und es gibt Menschen, die nicht arbeiten können, weil sie krank oder alt sind oder keine Arbeit finden – sie soll man unterstützen. Aus diesen ersten Ansätzen heraus und durch komplizierte Entwicklungen hindurch sind schliesslich die für uns heute so selbstverständlichen Sozialwerke entstanden.

Die Zeit nach der Reformation war geprägt von einer strengen Moral: Es gab die sogenannten Sittenmandate mit detaillierten Kleider- und Verhaltensvorschriften. Natürlich haben diese Mandate, aus historischer Distanz gesehen, etwas Kleinliches. Was mich aber aus moderner Sicht immer wieder bewegt, ist der durchaus ernst zu nehmende Versuch einer christlich verantworteten Lebensgestaltung. Hinter der damaligen Beschränkung der Prunksucht steht doch letztlich die Frage: Wie gehen wir mit unseren Ressourcen um? Ist es annehmbar, dass eine kleine Oberschicht die Ressourcen verschleudert, während die unteren Stände ohnmächtig zuschauen und darben müssen?

Die damaligen Mandate führten etwa dazu, dass man die Stadthäuser im Inneren schön ausgestaltete; nach aussen durfte der Schmuck aber nicht gezeigt werden. Die Kleidervorschriften galten ihrerseits vor allem für den Kirchgang. Heute könnten wir natürlich keine solchen Regeln mehr erlassen. Aber ich verstehe das Interesse der damaligen Obrigkeit gut. Wir stehen ja heute vor den gleichen Problemen: Wieder verschleudert eine konsum- und genussorientierte Generation wertvolle Ressourcen, auf die die späteren Generationen angewiesen wären. Auch wir dürften wieder ein bisschen mehr Mut haben, Rahmenbedingungen für einen verantwortlichen Lebensstil festzulegen.

Kirche in Bewegung

Wenn wir die weitere Entwicklung der Zürcher Kirche betrachten, folgt auf die Phase der reformierten Orthodoxie schon bald einmal der Pietismus. Am Pietismus faszinieren mich seine Lebendigkeit und seine Freude an Jesus Christus, die ich mit ihm teile. Besonders Eindruck machen mir die Pietisten des 19. Jahrhunderts, weil sie nicht einfach nur fromm redeten, sondern auch soziale Werke gründeten. Es gibt die Mär, dass irgendwann irgendwelche aufgeklärten, liberalen Christen das Sozialwesen erfunden hätten … Das stimmt so nicht. Schon lange vorher gab es die pietistische Gründerzeit, in der viele karitative Werke entstanden.

Ich selbst fühlte mich aber vor allem der religiössozialen Bewegung verbunden. Ich bin froh, dass in Zürich, im Unterschied zu Deutschland, religiössoziales Gedankengut nicht aus der Kirche ausgegrenzt, sondern mit einbezogen wurde. Leonhard Ragaz und Hermann Kutter sind bis heute wichtige Figuren geblieben. Mir wurden dann aber auch einige Grenzen dieser Bewegung bewusst. Wenn Gefolgsleute von Kutter meinten, in der Arbeiterbewegung oder in der sozialdemokratischen Partei ein Stück Reich Gottes erfassen zu können, dann scheint mir dies theologisch fragwürdig zu sein. Mir steht da Karl Barth näher, der gesagt hat, dass das in dieser Welt Vorgegebene nie und nirgends mit dem Reich Gottes identifiziert werden darf. Gerade das unselige 20. Jahrhundert hat mit dem Dritten Reich gezeigt, wie gefährlich es ist, wenn die Kirche mit Ideologien paktiert. Das schliesst nicht aus, dass die Kirche mit den verschiedensten engagierten Menschen, die sich innerhalb und ausserhalb der Kirche für Recht und Gerechtigkeit einsetzen, zusammenarbeitet. Dies darf aber nicht dazu führen, dass sie das Evangelium von Jesus Christus in irgendeiner Form mit einer weltlichen Ideologie verbindet.

Im 19. Jahrhundert wurde der theologische Liberalismus zu einer wichtigen Strömung in der Zürcher Landeskirche und darüber hinaus. Ich selbst habe dazu allerdings eine grosse Distanz. Historisch gesehen finde ich es vor allem bedauerlich, dass sich damals in der reformierten Kirche die bekenntnistreuen («Positive») und die liberalen Christen heftig bekämpften. In der Romandie, in Holland und in Schottland kam es deswegen sogar zur Kirchenspaltung. Die Deutschschweizer Kirchen konnten zum Glück einen Kompromiss finden: Das von den Liberalen besonders kritisierte Sprechen des Glaubensbekenntnisses im Gottesdienst stellten sie nun dem freien Ermessen der Pfarrer beziehungsweise der jeweiligen Kirchgemeinde anheim. Damit konnten sie die Einheit der Kirche bewahren.

Zum Glück klangen diese Auseinandersetzungen nach dem Zweiten Weltkrieg wieder ab. Heute bilden die ehemaligen Positiven (unter dem Namen Synodalverein) und die Liberalen zwei der vier Synodefraktionen – als Menschen, die in aufbauender Weise miteinander Kirche sein wollen. Das ist unter anderem deshalb möglich, weil wir die Spannungen im 19. Jahrhundert ausgehalten und die Kontroversen auf gute Weise miteinander ausgetragen haben.

Heute: lebendiges Miteinander

Während meiner Amtszeit habe ich die Auseinandersetzungen in der Kirchensynode durchaus positiv erlebt: manchmal kämpferisch, Position beziehend, aber nicht ausgrenzend, abgrenzend oder vernichtend. So, finde ich, sollte Kirche sein. Nicht die Uniformität macht lebendig, sondern die Vielfalt.

Wir brauchen einander und wir brauchen das Gespräch. Das heisst nicht, dass man immer alles relativieren muss. Man darf und soll bei einer dezidierten Meinung bleiben, aber immer so, dass noch ein anderer Horizont offenbleiben kann. Ich kann Kirchenkonzepte, die auf Uniformität zielen, schlecht nachvollziehen; Uniformität gibt es weder in der Bibel noch in der langen Geschichte des Christentums.

In diesem Zusammenhang war mir das Buch des Zürcher Neutestamentlers Eduard Schweizer immer wichtig: «Jesus Christus im vielfältigen Zeugnis des Neuen Testaments». Schweizer zeigt darin auf, wie verschieden schon die Bilder und Vorstellungen waren, welche die Verfasser der neutestamentlichen Schriften in ihren Beschreibungen von Christus gebrauchten. Das ermutigt uns doch dazu, auch in unserer modernen Welt Christus in verschiedener Weise zur Sprache zu bringen.

König David, Sigmar Polke, Grossmünster Zürich

Ökumene, Dialog und Versöhnung

Zur Vielfalt des Christentums gehören auch die verschiedenen Konfessionen der weltweiten «Kirchenfamilie». Während meiner Amtszeit habe ich mich immer wieder für gute ökumenische Beziehungen eingesetzt. In der Bibel ist uns im Johannesevangelium 17,21 die Bitte Christi überliefert: «... dass sie alle eins seien.» Deshalb gehört zum Bekenntnis zu Jesus Christus auch die Ökumene, das heisst: die Gemeinschaft mit den anderen christlichen Kirchen katholischer, orthodoxer, anglikanischer, freikirchlicher oder charismatischer Prägung.

Unsere Schwesterkirche

Kurz vor meinem Amtsantritt als Kirchenratspräsident wurde Peter Henrici zum Weihbischof für den Kanton Zürich ernannt. Ein Bischof im Kanton Zürich? Das hatte es noch nie gegeben. Das war auch für uns Zürcher Protestanten neu und ungewohnt. Aber Weihbischof Peter Henrici wurde für mich ein verlässlicher Partner. Zusammen haben wir 1997 den ersten «Ökumenebrief» unterzeichnet und herausgegeben.

Darin ging es unter anderem um die eucharistische Gastfreundschaft und um die Gewissensentscheidung des einzelnen Gläubigen in dieser Frage. Wir hielten damals fest: «Vielmehr soll das Gewissen jedes und jeder Einzelnen respektiert werden, damit sie nach redlicher Selbstprüfung im Sinne ihrer Konfession am Mahl teilnehmen.»

Was uns beiden in diesem Zusammenhang besonders wichtig war, war die Situation der gemischt-konfessionellen Ehen. Dass für solche Familien die eucharistische Gastfreundschaft nicht möglich sein soll, erachten wir beide bis heute als schmerzlich. Wahrscheinlich verstehen dies auch die meisten katholischen Gläubigen nicht. Das darf doch nicht sein, dass man wegen dogmatischer Fragen Familien entzweit. Viel wichtiger ist, dass wir die religiöse Entwicklung der Familien in jeder Hinsicht fördern und nicht hindern. Ich meine, dass eine Kirche Schuld auf sich lädt, wenn sie für die gemischt-konfessionellen Ehen keine Sonderregelung findet. Aus seelsorgerlicher Sicht darf doch in dieser Frage nicht das Kirchensystem bestimmend sein. Bestimmend müsste das Evangelium von Jesus Christus sein, das sich in unseren Partnerschaften, wie immer sie gestaltet sind, als menschenfreundliche Kraft entfalten soll. Wenn eine Kirche hier nicht Hand bietet, macht sie sich auch schuldig am Evangelium.

Kirche im eigentlichen Sinn?

Im Spätsommer 2000 gab Rom die Erklärung «Dominus Iesus» heraus. Gemäss dieser Erklärung betrachtet die katholische Kirche die evangelische Kirche nicht als «Kirche im eigentlichen Sinn». Aber dieses Dekret hat mich nie existenziell beschäftigt. Das ist nun einmal die römische Definition. Sie definiert sich als die Kirche – und die anderen sind dann eben «defizitär», wie es in der Erklärung heisst. Wo liegt da das Problem? Für mich ist es keines, denn wir definieren uns schliesslich selbst. Und wir verstehen uns durchaus als Kirche. Nur: Hin und wieder fragte ich mich nach einem langen Arbeitstag tatsächlich auch, ob wir wirklich Kirche «im eigentlichen Sinn» seien. Und hin und wieder denke ich, der liebe Gott möge es uns schenken, dass wir immer wieder Kirche «im eigentlichen Sinn» werden.

Als dieses Verdikt aus Rom bekannt wurde, konnte ich die Angelegenheit umgehend mit Weihbischof Peter Henrici besprechen. Dabei beschlossen wir, die Erklärung der katholischen Glaubenskongregation einfach zur Kenntnis zu nehmen. Hätten wir den Streit in die Zürcher Öffentlichkeit getragen, hätte dies die Medien und vielleicht auch andere sehr gefreut. Aber manchmal ist es sinnvoll, eine Kontroverse beizulegen, bevor sie da ist.

Die katholische Kirche besteht erfreulicherweise nicht nur aus schriftlichen Erlassen, die – wie im Dekret «Dominus Iesus» – etwa festhalten, dass für die katholische Kirche nur die orthodoxen Kirchen «Schwesterkirchen» sind. Hier in der Realität vor Ort, im Zürcher Kontext, haben sich die reformierte und die katholische Kirche in den letzten Jahrzehnten stets als Schwesterkirchen empfunden und sich

gegenseitig – fast etwas demonstrativ – auch so bezeichnet. Ich habe jedenfalls die katholische Kirche
im Kanton Zürich immer wieder als eine lebendige,
vielseitige und verlässliche Kirche wahrgenommen.
Was sich daraus ergeben wird, ist offen. Aber ich habe
eine grosse Zuversicht, die mich nicht loslässt und der
ich mehr vertraue, als irgendwelchen kirchenamtli-
chen Papieren. Ich sehe, dass der christliche Glaube
lebt – bei Reformierten und Katholiken. Und er lebt
in der weiten Welt, darauf vertraue ich.

Natürlich braucht es in jeder Kirche auch Regeln
und Erlasse, aber man darf damit den Geist nicht
verbarrikadieren. Uns mag dies auch nicht immer
gelingen. Ich weiss, dass unsere Kirche fehlbar und
manchmal nicht «Kirche im eigentlichen Sinn» ist.
Und mir scheint, das sei bei der römisch-katholi-
schen Kirche nicht anders. Aber deshalb wende ich
mich von der katholischen Kirche nicht einfach ab.
Wir haben doch – mit allen Irrungen und Wirrungen – eine 1500 Jahre alte gemeinsame Geschichte. Und in dieser Geschichte finden wir auch vom
Schönsten, was es gibt. Zum Beispiel Franz von Assisi und Bruder Klaus und die ganze mittelalterliche
Mystik. Oder auch die mittelalterliche Baukunst, die
mich schon immer fasziniert hat … Aber wir finden
auch das andere, das Abgründige, die Kreuzzüge
etwa, die sich dann am Schluss primär gegen das
östliche Christentum wendeten … Das alles gehört
dazu. Ohne die katholische Kirche mit ihrem Licht
und ihrem Schatten gäbe es die reformierte Kirche
nicht. Wir sind ein relativ neuer, kräftiger Zweig am

einen, zweitausendjährigen Lebensbaum der Kirche. Und wir sollten uns im Sinne des altkirchlichen Glaubensbekenntnisses verbunden wissen mit der Kirche Jesu Christi aller Zeiten.

Meine Beziehung zum Judentum

Meine Beziehung zum Judentum geht weit in meine Jugend zurück. Meine pietistische Mutter nahm intensiv Anteil am grauenvollen Schicksal der Juden im Zweiten Weltkrieg. Schon in den 30er Jahren, als sie den Antisemitismus aufkommen sah, soll sie gesagt haben: «Nun greifen die Nazis den ‹Augapfel Gottes› an.» Das sei der Anfang vom Ende …

Im Studium wurde mir dann klar, wie stark der kirchliche Antijudaismus über all die Jahrhunderte war und wie abgründig er etwa die späteren Schriften von Martin Luther geprägt hat. Mitte der 60er Jahre lasen und diskutierten wir in der Jungen Kirche Alfred A. Häslers Buch «Das Boot ist voll». Da wurde mir definitiv bewusst, dass unser Land während des Kriegs aus Angst grosse Schuld auf sich geladen hatte. Natürlich nahmen wir auch viele Juden auf. Aber viele wurden an der Grenze zurückgewiesen und so in den sicheren Tod geschickt! Auch in meinen späteren, persönlichen Begegnungen mit jüdischen Menschen, etwa im Rahmen der Verleihungen des Nanny-Fischhof-Preises, war mir dies immer schmerzlich bewusst.

Als vor gut 15 Jahren die Rolle der Schweiz im Zweiten Weltkrieg nochmals kritisch durchleuchtet wurde, war es mir ein Anliegen, auch das Verhalten der Zürcher Kirche vor und während des Kriegs aufzuarbeiten. Dabei stellten wir fest, dass es in jener Zeit auch bei kirchlichen Behörden und Amtsträgern Leisetreterei und Antijudaismus gab. Als Geste des guten Willens beschloss unsere Kirche darum 1997 ein wichtiges Projekt des Instituts für Zeitgeschichte mit über einer halben Million Franken zu unterstützen. Bei diesem Projekt ging es um die Erschliessung und Aufarbeitung Tausender Akten von jüdischen Flüchtlingen, die teilweise hatten hierbleiben können, aber teilweise auch zurückgeschickt worden waren. Ihr Leben und ihr Schicksal wurden durch diese Aufarbeitung gewürdigt. Und ihre Akten wurden dadurch zukünftigen Generationen zugänglich gemacht.

Aber das andere muss man gewiss auch wahrnehmen. Die Schweiz war im Sommer 1940 wirklich wie eine vom Bösen umspülte Insel. Es ist verständlich, dass die Menschen in dieser Situation Angst hatten. Deshalb haben viele zu wenig getan und sich zu anpasserisch verhalten. Ich fand es allerdings bei diesen Diskussionen manchmal schwierig, wenn man vorgab, die Schweiz hätte damals viele andere Handlungsoptionen gehabt. Um zu überleben, musste in irgendeiner Form auch kollaboriert werden. Das war in dieser Extremsituation moralisch nicht nur verwerflich. Die kritischen Historiker haben es sich in diesem Punkt wahrscheinlich etwas zu leicht gemacht – so wie es sich auch die Konservativen zu leicht gemacht haben, wenn sie beteuerten, die Schweiz sei eben gezwungen gewesen, sich so zu verhalten.

Mutige Stimmen: Max Wolff und Paul Vogt

Während des Kriegs war die Kirche als Volkskirche weitgehend ein Spiegel der unterschiedlichen Meinungen und Haltungen. Es gab bedenkliche Stellungnahmen, aber auch mutige Stimmen. Zu den mutigen Mahnern gehörte der damalige Synodepräsident und Oberrichter Max Wolff, dessen Reden wir 1997 zusammengetragen und als Broschüre herausgegeben haben. Eine herausragende Persönlichkeit war zudem der Zürcher Pfarrer Paul Vogt, der sich allen Anfeindungen zum Trotz unermüdlich für die jüdischen Flüchtlinge einsetzte. Der damalige Kirchenrat sah zum Glück ein, dass Vogt seine immense Arbeit nicht länger im Nebenamt erledigen konnte. Darum ernannte er ihn – zusammen mit dem Kirchenbund – 1943 zum Flüchtlingspfarrer. Noch heute bin ich beeindruckt vom feurigen Engagement und den Pionierleistungen von Paul Vogt. Dazu gehörte zum Beispiel der Aufbau von mehreren Freiplatzheimen für «rituell lebende Juden». Legendär ist auch seine Lancierung des sogenannten «Flüchtlingsbatzens», den alle Gemeindeglieder als Zeichen der Anteilnahme und Solidarität für die Flüchtlingsbetreuung bezahlen sollten.

Erinnerungen an Rabbiner Jakob Teichman

Zu den besonders schönen Erinnerungen gehören meine Kontakte mit Rabbiner Jakob Teichman. Er und seine Frau stammten aus Ungarn. Sie wurden im letztmöglichen Moment vor der Deportation gerettet und kamen als Flüchtlinge in die Schweiz. Er sagte mir öfters: «Ich kenne die Psalmen zweisprachig. In der Synagoge habe ich sie auf Hebräisch rezitieren und im reformierten Gymnasium in Budapest, das ich besuchte, habe ich sie ungarisch singen gelernt ...» Und bei der Feier zum 100. Geburtstag von Paul Vogt in der Kirche Seebach, wo Vogt lange gewirkt hatte, erklärte der schon betagte Rabbiner Teichman unter dem grossen Kreuz: «Paul Vogt war ein guter Christ. Gott habe ihn selig.» Welche Ehre, wenn ein Rabbiner das von einem Christen sagen kann! Für mich waren das ausserordentlich berührende Momente, die bei mir zu einer sehr grundsätzlichen Haltung beitrugen, etwa in Bezug auf die Ablehnung der Judenmission.

Natürlich sind wir das Christuszeugnis allen Menschen schuldig, aber eine Judenmission im eigentlichen Sinne darf es für uns nicht mehr geben. Welchen Weg die Juden gehen, allenfalls auch auf das Christuszeugnis zu, muss voll und ganz ihre Entscheidung sein. Es steht uns nicht zu, da in irgendeiner Weise Einfluss zu nehmen. Das Judentum ist unsere Mutterreligion. Ohne das Judentum gäbe es das Christentum nicht. Es ist darum auch folgerichtig, dass wir in der Kirchenordnung den Dialog mit dem Judentum nicht einfach unter dem interreligiösen Dialog subsumieren, sondern festhalten, dass der christlich-jüdische Dialog etwas ganz Besonderes ist. Wörtlich heisst es in der Kirchenordnung: «Aufgrund der gemeinsamen Wurzeln von Judentum und Christentum ist die Landeskirche dem christlich-jüdischen Dialog verpflichtet.» (Artikel 12, KO)

Mit dem Judentum haben wir drei Viertel unserer Heiligen Schrift gemeinsam und die alttestament-

lichen Gestalten lernen wir schon in der Sonntag-
schule kennen – damit ist der Dialog vorgegeben.
Ein Dialog, den ich selbst immer wieder dankbar
geführt habe, den ich aber – auf dem Hintergrund
der jahrtausendealten Schuld des Christentums an
jüdischen Menschen – als etwas unendlich Schwie-
riges empfunden habe. Es ist mir unbegreiflich,
wenn ich an die Gestalt des Jesus von Nazaret denke, an seine Freiheit und seine Menschlichkeit, dass
innerhalb des Christentums so etwas Grässliches
wie der Antijudaismus entstehen konnte.

Auf diesem Hintergrund waren mir die freund-
schaftlichen Kontakte mit den jüdischen Gemeinden
in unserem Kanton immer ein grosses Anliegen. Vor
allem mit den beiden staatlich anerkannten Gemeinden, also der Israelitischen Cultusgemeinde
Zürich und der Jüdischen Liberalen Gemeinde Zürich, pflegten wir enge Kontakte – stets mit grossem
Respekt davor, dass Menschen in ihrem Glauben
und in ihrer religiösen Praxis ihren ganz eigenen
Weg gehen.

500 Jahre Heinrich Bullinger

Im Jahr 2004 feierte die Zürcher Landeskirche den
500. Geburtstag von Heinrich Bullinger. Ich erachtete
es als grosses Privileg, dass ich dieses Jubiläum
mitgestalten durfte. Seit meiner Studienzeit habe
ich mich immer wieder mit Zwingli und seinem
Nachfolger auseinandergesetzt. Von den beiden Reformatoren fasziniert mich Bullinger besonders.
Wenn man die Profile der beiden betrachtet, hat

man wirklich das Gefühl, dass da die göttliche Vorsehung, die «providentia Dei», mit im Spiel war. Am Anfang steht Zwingli. Er prägt die ersten zwölf Jahre der Zürcher Reformation. Diese Jahre sind turbulent und kontrovers und Zwingli stirbt im Alter von 47 Jahren auf dem Schlachtfeld. Darauf folgt Heinrich Bullinger. Er kommt als Glaubensflüchtling von Bremgarten nach Zürich und wird mit 27 Jahren zum Nachfolger von Zwingli ernannt. 44 Jahre lang war Bullinger Antistes, also Vorsteher der Zürcher Kirche. In dieser Zeit gelang es ihm, auf umsichtige Weise die Reformation zu konsolidieren.

Sein Leben, sein Werk und seine Zeit wurden 2004 mit einer Ausstellung im Grossmünster vielen Menschen auf sinnliche Weise zugänglich gemacht. Dazu gab es eine Vielzahl von Begleitveranstaltungen, Referaten, Publikationen – und eine eindrückliche Gedenkfeier mit dem Schweizerischen Evangelischen Kirchenbund und Bundesrat Moritz Leuenberger im Zürcher Rathaus.

Im Calvin-Gedenkjahr 2009 feierten wir dann mit einer Delegation der Genfer Kirche einen gemeinsamen Gottesdienst. Daran anschliessend luden wir zur Vernissage der historisch-kritischen Edition des «Consensus Tigurinus» von 1549. Der «Consensus Tigurinus» ist die schriftlich festgehaltene Einigung von Johannes Calvin und Heinrich Bullinger auf ein gemeinsames, dynamisches Abendmahlsverständnis. Diese Einigung zwischen dem Zürcher und dem Genfer Zweig der Reformation trug wesentlich zur Entstehung der als «reformiert» bezeichneten Konfession bei.

Gegen das Ende von Bullingers Leben begann mit Hilfe der Habsburger und der Franzosen die Gegenreformation. Ich denke, das war sehr schwierig für Bullinger. Bestimmt war er wegen der Verhärtung der konfessionellen Fronten tief verunsichert. 1572 erreichte ihn dann auch noch die schreckliche Nachricht von der Ermordung Abertausender französischer Hugenotten in der Bartholomäusnacht und den Wochen danach. Doch man sagt von Bullinger, er sei bis zuletzt – auf fast unzeitgemässe Weise – ein Mann des Dialogs geblieben. Das halte ich für das schönste Kompliment für den alten Bullinger.

Bullinger stand zu Unrecht stets etwas im Schatten von Zwingli. Aber die neuere Bullinger-Forschung, die im Zusammenhang mit seinem Jubiläum noch intensiviert wurde, hat dieses Bild endlich korrigiert und die grosse Bedeutung Bullingers für die Zürcher Kirche und alle Reformierten aufgezeigt. 2004 ist es gelungen, Bullinger umfassend zu würdigen und einer breiteren Öffentlichkeit bekannt zu machen. Schön ist auch, dass Bullingers Denkmal nicht so martialisch ist wie dasjenige von Zwingli. Das Relief an der Nordwand des Grossmünsters zeigt ihn vielmehr als väterlichen Freund der reformierten Glaubensflüchtlinge, für die er sich immer wieder eingesetzt hat.

Versöhnung mit den Nachfahren der Täufer

Aber auch Bullinger war ein Kind seiner Zeit und hatte seine Schatten. Er verunglimpfte die Täufer als protestantische Schwärmer und Ketzer und trug so zur Verfolgung der Täufer bei. Diese dunkle Seite wollten wir im Jubiläumsjahr nicht einfach ausblenden, im Gegenteil. Es war uns ein grosses Anliegen, in geeigneter Form das damalige Unrecht zu benennen. Zusammen mit den Schweizer Mennoniten luden wir darum Nachfahren der Täufer aus Europa und Amerika zu einem Tag der Begegnung und Versöhnung nach Zürich ein. Im gemeinsam gefeierten Gottesdienst sprach ich ein Schuldbekenntnis und unten an der Schipfe, am Ufer der Limmat, wo in der Reformationszeit sechs Täufer ertränkt wurden, weihten wir einen Gedenkstein ein. Dieser Tag ging mir sehr nahe.

In tiefer Betroffenheit dachte ich darüber nach, wie es – ähnlich wie bei der alten Kirche im Römischen Reich – dazu kommen konnte, dass in so kurzer Zeit aus einer verfolgten Kirche eine verfolgende Kirche wurde ... Man versuchte damals mit allen Mitteln, mit Verboten und Verhören, Haftstrafen und Landesverweisen, die Täuferbewegung aufzulösen. Ja, noch im 17. Jahrhundert wurden auf dem Hirzel Täufer enteignet, um auf dem enteigneten Grundstück eine reformierte Kirche zu bauen. Diesem tiefen Schatten haben wir uns gestellt. Im Schuldbekenntnis heisst es dazu unmissverständlich: «Wir bekennen, dass die damalige Verfolgung nach unserer heutigen Überzeugung ein Verrat am Evangelium war und unsere reformierten Väter in diesem Punkt geirrt haben.»
Trotz dieser Schattenseite, die historisch ja durchaus erklärbar ist, können wir unseren beiden Reformatoren Zwingli und Bullinger überaus dankbar sein. Denn sie haben über die Heilige Schrift und über die latei-

nischen und griechischen Kirchenväter wegweisende theologische Impulse für die Gestaltung der Kirche Jesu Christi vermittelt – und es liegt an uns, diese Impulse weiterzutragen.

Protestantische Heilige?

Zwei Jahre nach dem Bullinger-Jubiläum feierten wir den 100. Geburtstag von Dietrich Bonhoeffer und haben auch dessen Leben und Werk gewürdigt. Dies führte gelegentlich zu Kommentaren wie: «Nun lernen wir, dass wir Reformierten auch unsere Heiligen haben.» Ja doch, für mich ist ein so glaubwürdiger Mensch wie Bonhoeffer tatsächlich ein Heiliger. Heilige sind Ermutiger auf unserem Weg des Glaubens. Wir leben von und mit solchen Gestalten. Als evangelische Christen brauchen wir sie nicht zu kanonisieren. Ob katholische oder evangelische Heilige, ob offizielle oder inoffizielle – das ist nicht wichtig. Entscheidend ist, dass sie uns in unserem Glauben inspirieren. Ich denke, wir können sie immer wieder neu entdecken und von ihnen lernen. Und wenn ich an das starke Wachsen des Christentums etwa in China denke, so bin ich überzeugt, dass uns in Zukunft auch Heilige aus anderen Teilen der Welt zufallen und erfreuen werden. Heilige sind uns Ansporn für ein gelebtes, mutiges, glaubwürdiges Christentum.

Einsatz für den religiösen Frieden

Wir leben heute in einer zunehmend multikulturellen und multireligiösen Situation. Umso wichtiger scheint mir darum die Pflege guter und respektvoller Beziehungen mit den anderen Religionsgemeinschaften. Ich habe deshalb 2004 den Interreligiösen Runden Tisch mitbegründet. Leitungspersonen der Kirchen treffen sich da regelmässig mit verantwortlichen Vertretern des Judentums, des Islams und der Buddhisten. Den Mitgliedern des Runden Tisches ist bewusst, dass wir alle eine grosse Verantwortung tragen und wir allesamt zum Dialog und zum religiösen Frieden verpflichtet sind. Ich denke allerdings, dass die reformierte Landeskirche aufgrund ihrer Geschichte, ihrer Grösse und ihres Selbstverständnisses in diesem Bereich eine besondere Verantwortung trägt. Ich meine dies nicht im Sinn eines Führungsanspruches, sondern weil unsere Kirche von Offenheit geprägt ist. Unsere Kirche ist für ihre Mitglieder da, aber sie ist nicht einfach nur Mitgliederkirche. Sie trägt auch Verantwortung für das Ganze der Gesellschaft.

Beschäftigt haben mich in den letzten Jahren besonders auch die Situation der Muslime in unserer Gesellschaft und unser Verhältnis zu ihnen. Leider hat sich da seit den Terroranschlägen vom 11. September 2001 vieles verhärtet. Das zeigte sich dann auch bei der Volksabstimmung über das Minarettverbot. Persönlich habe ich immer wieder betont, dass ich ein Minarettverbot für unsinnig halte. Doch die Annahme der Volksinitiative hat gezeigt, dass es gegenüber dem Islam viele Vorurteile, Vorbehalte und Ängste gibt, die man nicht einfach wegzaubern kann. Nötig ist – auf beiden Seiten – ein geduldiger Lernprozess. Das wird ein langer Weg sein. Und auf diesem Weg braucht es offene Ohren und offene

Herzen. Wichtig ist, dass wir dabei auch die Vielgestaltigkeit des Islams wahrnehmen. Uns protestantischen Christen ist die Vielgestaltigkeit ja auch nicht fremd.

Mein Aufenthalt im Iran hat mir in Bezug auf den Islam allerdings auch viele Illusionen genommen. Was ich da erlebt habe, hat mich tief erschreckt. Der Islam hat eben nicht nur eine eindrückliche, vielgestaltige Spiritualität, er hat auch eine politische Seite. Im Iran zum Beispiel herrscht ein religiös-diktatorisches Regime, unter dem alle leiden, insbesondere aber die religiösen Minderheiten. Wenn man in die Geschichte zurückblickt, sieht man, dass die Christen in den islamischen Ländern nie gleichberechtigt waren. Man hat ihnen zwar das eine oder andere Recht zugestanden, aber sie waren stets Bürger zweiter Klasse. Sie wurden entweder zum Übertritt zum Islam eingeladen beziehungsweise gedrängt – oder dann wurden sie marginalisiert. Noch heute kann es in manchen islamischen Ländern lebensgefährlich sein, wenn sich ein Muslim dem Evangelium Jesu Christi zuwendet.

Vor diesem Hintergrund ist es nicht einfach, sich hier und heute für berechtigte Anliegen der Muslime einzusetzen – und zugleich dafür einzutreten, dass keine Parallelgesellschaften mit eigenen Gesetzen und Regeln entstehen, sondern unsere Rechtsordnung für alle gilt, ob sie nun Muslime, Aleviten, Katholiken oder Protestanten sind. So oder so sollten wir einander nicht immer auf unsere religiöse Identität reduzieren. Im Glück und im Leid, im Hoffen und

Bangen, gesund oder krank – wir sind alle primär Menschen. Darum höre ich in mir immer wieder das Weihnachtslied «Gott wird Mensch, dir Mensch zugute». Das Menschsein ist doch eigentlich das Ziel aller Wege.

Selbstbewusstsein und Demut

In all meinen kirchlichen Ämtern, die ich seit meinem Eintritt in die Kirchensynode 1973 gehabt habe, ging es wesentlich um Kirchenpolitik, also um die Frage der Leitung und Gestaltung unserer Kirche. Diese Arbeit ist unweigerlich verbunden mit Konflikten. Es ist ein stetes Ringen um die richtigen Entscheide. Dass es da manchmal zu herben Enttäuschungen und auch Verletzungen kommt, ist unvermeidlich. Aber wir sollten solche Konflikte unter Freunden nicht überbewerten. Gerade aus der biblischen Tradition heraus sollten wir bei Erfolgen und bei Niederlagen demütig bleiben. Die Wahrheit ist manchmal ein einziger, feiner Faden im grossen Geflecht und niemand weiss genau, welcher Faden es wirklich ist. Schon in der Mittelschulzeit hat mich die Ringparabel in Lessings «Nathan der Weise» fasziniert und sie prägt mich in meinem Denken bis heute. Viele kritisieren die Ringparabel als falschen Relativismus. Ich habe dieses unnachahmliche Drama nie als Relativismus empfunden, sondern als Ermutigung zu einer grossen Freiheit. Zur Freiheit, selbstbewusst für etwas einzustehen, im demütigen Wissen darum, dass wir uns auch irren können und wir uns einzig und allein auf das Evangelium von Jesus Christus verlassen dürfen.

Ich bin gerne reformiert. Und ich bin auch stolz darauf, dass ich in dieser Kirche so lange habe wirken dürfen. In den letzten Jahren hat mich aber die Frage, wie rechtes Selbstbewusstsein und nötige Demut zusammengehen, stark beschäftigt. Ich hoffe, dass die beiden Seiten in mir selbst mittlerweile zu einem gelassenen Ausgleich gefunden haben. Es braucht wirklich beides. Es braucht den selbstbewussten Einsatz, das «Hinstehen», stolz und dankbar, dass uns eine Botschaft übertragen ist und wir eine Kirche haben, die für unsere Gesellschaft von Bedeutung ist. Das lasse ich mir nie ausreden … Aber es braucht auch das Wissen um die Fehler der Kirche. Wie oft hat doch die Kirche in der Geschichte Herrschaft ausgeübt – statt den Menschen zu dienen! Wie oft hat sie die Menschen bedrückt statt befreit! Wenn man sich dies bewusst macht, ist Demut am Platz.

Christliche Selbstverantwortung

Ich bin bewusst nie einer politischen Partei beigetreten. Aber ich habe mich aus tief empfundener Verantwortung heraus immer wieder für Menschen eingesetzt, die auf der Schattenseite des Lebens stehen. In dem Sinne halte ich den Sozialstaat für eine christlich-reformatorisch geprägte Einrichtung. Meines Erachtens kann der Sozialstaat in Zukunft aber nur noch funktionieren, wenn etwas von der Mentalität bleibt, die ich vor dreissig, vierzig Jahren im Zürcher Weinland erlebt habe, als ältere Menschen mir sagten: «Sehen Sie, wir sind so dankbar für die AHV!» Eine solche Haltung ist beeindruckend schön und hat nichts mit Unterwürfigkeit zu tun. Und heute? Ich frage mich tatsächlich, was passiert, wenn diese Dankbarkeit immer mehr durch eine egomane Anspruchsmentalität ersetzt wird und die Frage dann nur noch lautet: Wie und wo kann ich in diesem System möglichst viel profitieren? So kommen wir wohl schon bald an unsere Grenzen, wenn alle nur noch Ansprüche stellen und sich niemand mehr fragt, welche Verantwortung er selbst hat. Und niemand mehr die Risiken seiner Handlungen abschätzt, weil ja dann andere dafür aufzukommen haben. Und sich auch niemand mehr fragt, wie er anderen helfen kann, weil allein die Maximierung des eigenen Gewinns angestrebt wird.

Der Menschensohn, Sigmar Polke, Grossmünster Zürich

Persönlicher Glaube

Was mich in meinem Leben besonders bewegt hat, ist der Glaube an Jesus Christus. Das Widmungswort, das meine Mutter mir, dem Zehnjährigen, in die Bibel geschrieben hatte, begleitet und ermutigt mich bis heute: «Glaube an den Herrn Jesum Christum.» Ja, christlicher Glaube ist Christusglaube, nicht allgemeine Religiosität. Bis heute ist für mich das Zentrum der Theologie die Christologie: die Botschaft von der Menschwerdung Gottes in Jesus Christus.

Je mehr ich mich im Lauf meines Lebens mit der Botschaft Christi auseinandersetzte, desto offener und freier wurde mein Glauben, Denken und Handeln. Weil ich um die Mitte weiss, schätze ich die Bibel in ihrer Vielfalt, ja Widersprüchlichkeit. Ich habe, vor allem in den letzten paar Jahren meines Lebens, erlebt: Je näher ich beim Christusereignis bin, desto offener und befreiter kann ich auf Menschen anderer Konfessionen und Religionen zugehen, auch wenn mich manches von ihnen trennt.

Maria als Vorbild

Auch mein eigener Glaube lebt von vielfältigen Elementen. Zentral ist für mich das Gebet, vor allem das Unservater, aber auch das «Ave Maria». Die beiden Gebete gehörten ja früher zusammen, auch zu Beginn der Reformation noch. Die Reformatoren haben Maria stets als «Mutter des Herrn» und als Vorbild und Inbegriff des glaubenden Menschen geehrt. Darum wurde in den ersten Jahrzehnten der Zürcher Reformation weiterhin das «Ave Maria» gebetet, auch in den öffentlichen Gottesdiensten. Erst etwa um 1560, als die katholische Kirche begann, Maria als «Himmelskönigin» zu verehren, wurde die Marienverehrung von den Protestanten abgelehnt und dann auch das «Ave Maria» aus der Liturgie verbannt. Ich bedauere dies, denn ich bin überzeugt, dass uns Protestanten eine verantwortungsvolle Marienfrömmigkeit gut tun würde. Das Leben von Maria hat mich oft beschäftigt und ich habe auch oft über sie gepredigt. Darüber, wie sie unter dem Kreuz Christi steht und damit zeigt, dass sie unter jedem Kreuz steht und so auch unseren eigenen Tod mit dem Tod Christi in Verbindung bringt. So verstanden, könnte die Mariologie eine Auslegung der Christologie sein und nicht, wie die Reformierten es oft empfinden, eine Konkurrenz.

Verkündigung durch Musik und Kunst

Zu meiner Spiritualität gehört ganz stark auch die Musik. Zum Beispiel die Kantaten von Johann Sebastian Bach oder die frühen geistlichen Konzerte und die Psalmauslegungen von Heinrich Schütz wie etwa

«Herr, wenn ich nur dich habe». In dieser Musik fühle ich mich, gerade auch im Wissen um meine heutige schwierige Situation, tief verwurzelt. Wenn ich diese «protestantische», bibelbezogene Musik höre, fühle ich mich tief getröstet und gehalten. Es ist aber auch immer wieder die Musik von Mozart, die mich berührt, etwa das «Ave Verum Corpus» und die Messen in ihrer Fröhlichkeit und Unbeschwertheit.

Auch den Dichtern und Poeten der Kirchen verdanken wir viel. Manchmal denke ich, man könnte auf den einen oder anderen Theologen verzichten, wenn man stattdessen ein bisschen mehr phantasievolle Theopoeten in der Kirche hätte, die nicht zuerst danach fragen, was richtig und was falsch ist, sondern offen sind für das, was der Geist eingibt. Das Resultat gilt dann vielleicht nicht für die nächsten fünfhundert Jahre, aber es hilft immerhin, den nächsten Tag zu bestehen.

Auch die religiöse Kunst hat mich stets fasziniert. Manche Menschen wundern sich darüber, dass ich als Reformierter gern barocke Kirchen besuche. Ich liebe zum Beispiel die Klosterkirche Einsiedeln mit dem «Salve Regina» und allem, was dazugehört. Zugleich weiss ich, dass Zwingli solche Kirchenräume leer gefegt hat. Das habe ich immer sehr bedauert. Wenn ich hingegen in Oberwinterthur den Gottesdienst besuche und dort die mit der «Biblia pauperum» bemalten Wände betrachte, muss ich still lächeln, denn diese Malereien sind wegen uns Reformierten erhalten geblieben. In den katholischen Kirchen sind die alten Fresken und Malereien in den späteren Epochen verändert, abgeschlagen oder barockisiert worden, weil sie nicht mehr dem Zeitgeschmack entsprachen. In jenen Kirchen, welche die Reformierten übernommen hatten, sind die Fresken hingegen übermalt oder mit einer Schicht Putz überdeckt worden, so dass sie die Zeit überdauerten und man sie wieder hervorholen konnte.

Religiöse Menschen hinken

Leider ist die Geschichte des Christentums voller widersprüchlicher Prozesse und grosser Risse. Das zeigt sich allein schon bei einem Blick auf die vielen Konfessionskriege in Europa. Uns ist heute wohl noch viel zu wenig bewusst, wie viele Werte dabei zerstört wurden und welch tiefe Gebrochenheit dadurch mit uns einher geht. Aber es sind ja nicht die Unverletzten, welche die Menschheit ein kleines Stück weiter gebracht haben, es sind eher die Verletzten.

Franz von Assisi hat die Wundmale Christi getragen. Als so Stigmatisierter wendete er sich der Natur und den Menschen zu, als Mitleidender, nicht als Überlegener. Wir sollten damit aufhören, das Heil immer von den Grossen, Starken, Gesunden zu erwarten. Vielleicht kommt es vielmehr von denen, die etwas erfahren haben von der Gebrochenheit des Menschseins und gerade darin die Menschlichkeit entdecken. Und so wird es ihnen auch möglich, Menschen menschlich zu begegnen.

Ich selbst habe mich in meinem Leben nie einfach nur als stark und ganz und aufrecht erlebt. Ich vertrat zwar die Kirche in verschiedenen Funktionen, und dazu gehörte es, nach aussen mit starken und klaren Konzepten aufzutreten. Das scheint mir auch richtig zu sein. Doch in meinem persönlichen Leben habe ich auch die andere Seite empfunden, die Grenzen und die Verletzlichkeit des Menschen. Seit meiner Jugend, seit dem frühen Tod des Vaters, dem frühen Tod des Bruders, der Krankheit der Mutter weiss ich um die Brüche, die es im menschlichen Leben geben kann. Mir ist zutiefst bewusst, dass das Religiöse das Menschsein nicht einfach überhöht, sondern den Menschen erst recht mit dem Unvollkommenen, mit dem Leiden, mit der Schuld konfrontiert.

Eines der eindrücklichsten biblischen Bilder für diesen Zustand des Menschseins ist für mich Jakobs Kampf mit dem Engel und sein Ausruf: «Ich lasse dich nicht, es sei denn, du segnest mich!» (Genesis 32,27) Als Konsequenz wird Jakob auf die Hüfte geschlagen und hinkt danach sein Leben lang. Ja, religiöse Menschen hinken. Ich denke, das gehört dazu. Und das können wir, in einem positiv verstandenen Glauben, in aller Gelassenheit annehmen.

Nachwort

In meiner letzten Arbeitswoche im Juli 2010 führte ich mit Philippe Dätwyler eine Reihe von Gesprächen, welche diesem Buch zugrunde liegen. Christine Voss, Marianne Stauffacher und Philippe Dätwyler haben die Gedanken aufgenommen und ihnen eine abschliessende Form gegeben. Für diese Arbeit danke ich herzlich. Bewusst wurde der Gesprächscharakter beibehalten.

Seit Mitte 2010 bin ich erneut und intensiv mit meiner Tumorerkrankung konfrontiert. Im Sommer 2000 wurde aufgrund der Beeinträchtigung meiner linken Hand ein Tumor in der Halswirbelsäule festgestellt. Eine Operation im Frühjahr 2004 und anschliessende Therapien brachten eine teilweise Entlastung, und so die Möglichkeit, weiterhin voll berufstätig zu sein.

Das freute mich und machte es mir möglich, an begonnenen Projekten weiterzuarbeiten. Dabei war es mir ein Anliegen, die Glaubwürdigkeit unserer Landeskirche zu bewahren und zu erhöhen.

Im Juli 2010 riss mich ein Rückfall meiner Krankheit mitten aus dieser Arbeit. Die erneute Erkrankung war begleitet von starken Schmerzen. Zwei Operationen wurden nötig, in deren Folge es zu einer weitestgehenden Lähmung meines Körpers kam. Im Oktober 2010 trat ich darum vom Kirchenratspräsidium zurück. An einem einzigen Tag habe ich so Gesundheit, Mobilität und Beruf verloren. Dennoch konnte ich durch intensive Therapie manches zurückgewinnen. Ich bleibe aber wohl für immer auf den Rollstuhl angewiesen. Doch ich werde von Menschen, die vor allem aus dem Tibet und aus dem Balkan stammen, fürsorglich und respektvoll betreut und begleitet.

Über die vielen Kontakte – Briefe, Telefonate, Besuche – freue ich mich sehr. So bleibe ich mit vielen Menschen innerhalb und ausserhalb unserer Landeskirche verbunden. Dafür bin ich dankbar. Es ist und bleibt ein Vorrecht, in einer offenen und zugleich am Evangelium orientierten Kirche zu arbeiten. Ich durfte es in verschiedenen Aufgabenbereichen während fast vierzig Jahren tun. Darüber freue ich mich.

Meiner Kirche wünsche ich von Herzen Gottes Segen. Ich tue es mit einem Wort Huldrych Zwinglis, welches auf dem Siegel des Kirchenrates steht: «Der Herr beschirmpt sin Kilchen.»

Ruedi Reich
Zürich, 11. Oktober 2011
480. Todestag von Huldrych Zwingli